화교
부자수업

거물 화교 사장에게 배운 부와 성공의 비밀

THE KEY TO WEALTH

화교
부자수업

오시로 다이 지음 · 홍주영 옮김

타커스

2장 인간의 심리를 이용하는 소통의 기술

5장 비상식적이면서도 합리적인 시간 사용법

'계속 생각하고 있다'면
결국 원하는 결과를 끌어낼 수 있다

'벤츠를 타고 싶다. 그것도 2인승 SL을. 커스터마이징도 해야 하니 2억 원은 족히 넘는다. 샐러리맨으로는 평생 무리다. 그러니 사장이 되어야겠다!'*

이런 생각으로 나는 학생시절부터 줄곧 '사장이 되겠다'고 생각해 왔다. 자영업을 하는 부친은 내 생각을 듣고 "벤츠 SL이라니, 그런 것은 건실한 인간이 탈 만한 물건이 아니다"라며 혀를 끌끌 찼다. 하지만 나는 단 한 순간도 의심하지 않고 '나라면 탈 수 있어. 나는 운이 좋아. 어떻게든 성공해서 반드시 탈 수 있을 거야' 하고 생각해왔다. 그

---

* 벤츠 SL은 뚜껑이 열리는 2인승 럭셔리 컨버터블 차로, 2013년형 SL 500의 가격은 약 2억 원 수준이다. 커스터마이징은 구조물이나 장식물 등을 변형하거나 추가하는 것을 말한다.

리고 사장이 되어 벤츠를 타고 있는 지금, 자신감을 갖고 실천하면 꿈은 반드시 이루어진다는 것을 실감한다.

내가 남보다 더 열심히 일했기 때문에 사장이 될 수 있었던 것은 아니다. 오로지 줄곧 '나라면 할 수 있다'라고 믿어왔을 뿐이다. 이것은 꿈을 이룬 지금에 와서야 털어놓는 비밀이자 화교의 핵심 가르침 가운데 하나다. 목표가 있다면 그저 생각하는 것만으로는 부족하고, 끊임없이 계속 생각하고 있어야 한다! 설령 그것이 착각이거나 근거 없는 목표라 하더라도 의심하지 않고 계속 생각하고 있어야 원하는 결과를 끌어낼 수 있다. 나는 한 번도 내 믿음을 저버린 적이 없다.

그렇다 해도 나 혼자만의 힘으로 어느 날 갑자기 사장이 될 수 있었던 것은 아니다. 이십대 무렵 나는 건방이 하늘을 찌르는 철부지 샐러리맨에 불과했다.

내 경력을 간단히 소개하겠다. 나는 고교 운동선수 추천 전형으로 교토산업대학에 입학했고 교사가 되려고 했으나 교원 임용시험에 낙방하여 외국계 보험회사에 취직했다. 보험회사에서는 우수한 실적을 올려서 최연소 판매왕이 되었고, 당시 고객이던 업계 1위의 치과용 의료기기 제조회사로 전직했다가, 서른두 살에 회사원 생활을 마감했다.

나는 영업부서에서 일할 때 상당한 성과를 달성해 능력을 인정받았다. 직장을 옮긴 것도 자신의 실력을 시험해보고 싶다는 건방진 동기에서 비롯되었다. 치과용 의료기기 제조회사에는 꽤 오랫동안 몸담았고 이후 치과업계에서 창업하였다.

현재는 의료기기 제조 및 판매회사를 주축으로 몇 개의 사업체를 운영하고 있다. 첫 창업은 의료기기 판매회사였는데, 서른네 살 때의 일이다. 당시 퇴직에서 창업까지 1년 정도의 시간이 있었는데, 그 1년 간이야말로 내 인생의 전환점, 화교 스승에게 비즈니스의 모든 것을 전수받은 소중한 시기였다.

비즈니스는 화교에게 배워라

언젠가 사장이 되겠다고 생각하고 있던 나는 영업사원 시절부터 돈 버는 비법을 알고 싶어서 늘 기회를 노려왔다. 그러나 처음부터 화교를 스승으로 구한 것은 아니었다. 단지 장사를 알려면 중국인에게 배워야 한다는 것을 염두에 두고 사업 파트너가 될 만한 중국인을 찾았다. 굳이 외국인, 그것도 중국인과 사업을 하겠다고 생각한 것은 커리어에 얽매이지 않고 오직 생존력으로 승부하고 싶었기 때문이다.

학력과 직함이 끝까지 따라다니는 일본 사회에서는 십대, 이십대에 이미 승부가 결정된다. 때문에 내 경력으로는 아무리 올라가봤자 역전할 수 없다는 판단이 들었다. 그래도 나는 어떻게든 역전하고 싶었고, 그렇다면 게릴라 전법으로 도전할 수밖에 없다고 생각했다. 게릴라가 갖추어야 할 것은 규칙이 필요 없는, 아니 규칙을 뛰어넘는 '중국의 방식'이었다.

인치국가(人治國家)인 중국에서는 규칙이 있어도 없는 것과 다름없다. 혁명에 의해 부자와 빈자, 지식인 계급과 노동자 계급이 한순간에 뒤집히는, 일본에서는 상상할 수 없는 일이 중국에서는 현실로 일어났다. 그런 사회에서 믿을 수 있는 것은 자기 자신과 자기 무리뿐이다. 그 외에는 아무도 믿지 않고, 속여도 상관없으며, 오히려 속는 사람이 나쁜 사람이다. 속고 속이는 생존이 일상적으로 펼쳐지고 있는 셈이니 중국인은 권모술수에 있어서 만큼은 세계 최고라 할 만하다.

또 일본 사회에서는 대학 졸업 후에 회사원이 되는 것이 정석이지만 중국에서는 예나 지금이나 사업적 재능이 있는 사람은 일찌감치 스스로 창업하는 것을 당연시한다. 따라서 누구에게 사업을 배우는 게 현명한지는 생각하나 마나다.

나는 먼저 내가 접근할 수 있는 모든 통로를 통해 재일 중국인을 소개해달라고 의뢰했다. 국제교류센터 게시판에 직접 '비즈니스 파트너 구함'이라는 메모를 붙여놓고 만남을 기다리기도 했다. 그리고 이렇게 알게 된 중국인들과 한 팀이 되어 실제로 몇 가지 사업을 추진했다. 그런데 누구와 팀을 짜든 어느 날 갑자기 연락이 끊겼다. 보기 좋게 배신당하고 만 것이다!

지금은 너무 잘 아는 사실이지만, 중국인은 성실하게 노력하지 않는다. 조금만 귀찮은 일이 생기면 금세 포기하고 훌쩍 떠나버린다. 성실하지 않기는 화교도 마찬가지지만, 일본에 정착해서 살고 있는 화교는 일본 사회 안에서 신용을 바탕으로 사업을 운영하기 때문에 중국인과는 다르다. 이들은 실패해도 본국으로 돌아갈 수 없기 때문에 신용을 잃지 않기 위해 상대에게 피해가 되는 행동은 절대 하지 않는다.

특히 내가 스승으로 모신 화교는 20여 년 전에 귀화해서 겉모습은 일본인과 구분이 안 된다. 길에서 마주쳐도 중국계라고 알아보는 사람이 거의 없을 것이다. 그러나 머릿속은 일본인과 다르고, 중국인과도 다르다. 화교라는 민족이라고 정의할 수밖에 없다.

스스로 해보는 수밖에 없다

내가 화교 스승을 처음 만나게 된 것은 회사를 그만두기 2년 전이었다. 한 지인을 통해서 다행스럽게도 화교 사회의 거물이라고 불리는 스승을 소개받을 수 있었다.

첫 만남부터 스승에게 범상치 않은 아우라를 느낀 나는 '반드시 이 사람에게서 사업을 배울 것이다'라고 간절하게 바라기 시작했다. 즉시 회사를 그만두고 그의 제자가 되고 싶었으나 결국 2년이 지나서 제자로 들어가게 된 것은 그동안 줄곧 거절당했기 때문이다.

우선 일본인이라는 장벽이 높았다. 스승은 비즈니스 상대로서 득이 된다면 일본인과 관계를 맺어도 상관없지만 자기 무리로 받아들이지는 않는다고 선을 그었다. 단호하게 거절한 것은 아니지만 그 뜻은 정확히 전달되었다.

내가 그동안 영업실적이 좋았으니 제자로 받아들이면 분명 도움이 될 것이라고 어필하자 스승은 이렇게 말했다.

"당신, 지금 무슨 말을 하는 거요? 당신은 한 번도 스스로 돈을 번 적이 없지 않소? 회사 명함을 갖고 회사의 거래처에 가서 회사의 돈을 받아온 거잖소? 당신이 고객에게 직접 물건을 판 적은 없지. 자기 스스로 돈벌이를 한 적이 없는 사람을 우리는 쓸 수 없어요."

스승의 가혹한 반응에 당시 나는 아무 대꾸도 하지 못했다. 하지만 스승 이상의 인물을 찾지 못했기 때문에 더 이상 갈 데가 없다고 확신한 나는 물러서지 않았다.

이후 회사를 다니면서도 끊임없이 스승을 직접 방문하고, 전화를 걸고, 편지를 보내고, 거의 스토커 수준으로 매달렸다.

"안녕하세요! 오늘 잠깐 말씀을 나누고 싶어서 찾아왔습니다."

"당신이 내게 무슨 할 얘기가 있죠?"

"사업을 배우고 싶습니다."

"그러니까 사업은 직접 해보면 알게 된다니까."

"어떻게 하면 돈을 벌 수 있는지 꼭 가르침을 받고 싶습니다."

"그거야 간단하지. 싼 물건이 있다, 사들인다, 원하는 사람에게 비싸게 판다, 이익을 남긴다!"

이것은 실제 나와 스승이 나눈 대화다. 당시 나는 화교의 비즈니스를 신묘한 비법이라도 되는 것으로 믿고 있었기에 스승의 대답을 듣고 나를 무시한다는 생각밖에 들지 않았다.

1년 넘게 스스로 돈을 벌 수 있게 되면 오라는 한마디뿐, 계속 거절하는 스승의 의중을 나는 진지하게 생각해보았다.

'돈을 번다는 것은 어떤 것일까?'

아무리 생각해도 결국 직접 해보는 것 외에는 다른 방법이 없었다. 나는 고민 끝에 인터넷에서 정보 제공 사업을 시작했다. 고객 한 명 한 명을 성실하게 응대한 덕분인지, 석 달 정도가 지나자 사업이 서서히 자리를 잡고 안정적인 수익을 거둘 수 있게 되었다. 그러자 나는 다시 스승을 찾아갔다.

"저는 스스로 돈을 벌 수 있게 되었습니다. 회사도 그만두었습니다. 물론 월급도 필요 없고, 1년 후에는 반드시 독립하도록 최선을 다해 배우겠습니다. 부디 수업받을 수 있게 해주십시오. 부탁드립니다!"

"하하하, 좋아. 내일부터 나오게!"

스승은 김이 샐 정도로 순순히 나를 제자로 받아주었다.

무의미한 일을 하지 않는다

화교의 제자가 되는 첫 번째 관문은 통과했지만, 과연 마지막까지 살아남을 수 있을지 없을지는 확신할 수 없었다. 전적으로 내가 어떻게 하느냐에 달려 있었다. 스승은 과거에도 몇 차례 일본인을 제자로 받아들인 적이 있지만 모두 중간에 탈락하고 말았다고 했다.

나는 앞으로 어떤 가혹한 시련이 기다리고 있을까 상상하면서, 무슨 일이 있어도 끝까지 견뎌내겠다고 단단히 마음먹었다. 하지만 현실은 내 상상과 완전히 달랐다.

첫날 나는 가벼운 문화적 충격을 받았다. 출근하자 마자 스승은 내게 사무실의 배치를 바꿔도 좋다고 말했다.

"자네가 일하기 가장 편하도록 가구 배치를 바꿔서 최고의 실적을 올리게. 단, 돈을 들이는 건 안 되네."

갓 들어간 신입사원이 마음대로 사무실의 배치를 바꾸다니 일본 회사에서는 있을 수 없는 일이다. 나는 정말 괜찮을까, 미심쩍어하면서도 책상의 위치를 옮기기 시작했다. 그러자 스승과 다른 화교 직원들도 당연하다는 듯 도와주었다.

사실 나는 스승의 불합리한 지시를 견뎌내는 것이 수업의 중요한 과정일 것이라고 생각하고 있었다. 깨끗이 청소한 책상이나 컵을 몇 번씩 다시 닦게 한다든지, 왕따나 지독한 훈련이 기다리는 드라마 같은 장면을 상상했다. 그런데 스승은 어떤 괴팍함도 부리지 않았다. 지금은 너무 잘 아는 사실이지만 화교는 최고의 합리주의자다. 합리주의자인 화교는 의미 없는 일은 절대 하지 않는다!

치명상만은 입지 말라

자리를 정하고 드디어 실전에 들어갔다. 수업은 스승에게 지시받은 일을 하는 것이었다. 스승의 지시는 절대적이어서 반드시 해야 하지만, 무료로 일하는 것이 아니라 이익의 일부를 보수로 받을 수 있었기에 조건은 나쁘지 않았다.

스승이 시킨 일은 대부분 내가 경험한 적이 없는 것들이었다. 상대의 과거 실적에 상관없이 일단 무엇이든 맡겨보는 것이 화교의 방식이다. 한편, 스승은 지시한 일을 어떤 방식으로 처리할지는 철저하게 나에게 맡겼다. 원래 남에게 이것저것 지시받기 싫어하는 나는 자기주도적으로 일할 수 있다는 사실이 고마웠다.

나는 스승의 잔심부름에서부터 단기간에 실적을 내야 하는 영업이나 상장기업과의 중요한 거래협상까지 여러 가지 업무를 진행했다. 그중에서 특히 인상에 남는 것은 중국산 양말과 신발을 길거리에서 직접 판매한 일이다. 당시 나는 리어커에 물건을 싣고 나가 행인들을 붙잡고 사달라고 매달렸다. 이 과정에서 나의 약점과 강점이 무엇인지 분명히 드러났다. 처음에는 약점 때문에 실적이 저조했으나 이를 만회하기 위해 강점을 최대한 살릴 수 있는 일에 도전했고, 결국 성공했다. 이에 대해서는 뒤에서 자세히 소개할 것이다.

또한 상하이에서 들여온 대량의 B급 의류를 도매상들에게 판매한 적도 있었다. 40피트의 거대한 컨테이너에 가득 찬 의류를 혼자서 선별할 때는 너무 힘들어서 '내가 지금 무슨 일을 하고 있지? 그만둘까?' 하며 반쯤 자포자기 상태가 되기도 했다. 하지만 이 과정에서 스스로 판매가격을 정해서 경비를 계산하고 이익을 내는, 장사의 묘미와 어려움을 동시에 맛볼 수 있었다.

때때로 손익계산을 철저히 하지 못해서 죽도록 일하고도 결국 적자를 낸 적도 있지만 전체적으로는 늘 이익을 남겼다.

스승은 내가 하는 일에 이래라 저래라 토를 달지 않았지만 '치명상만은 입지 말라'라는 것을 항상 강조했다. 그리고 내가 돌이킬 수 없는 실수를 할 것 같으면 언제나 도와주었다. 그 정도로 심각하지 않으면 실수하거나 손해를 보더라도 내버려두었다. 그리고 나중에 내가 적자를 낸 이유를 그림으로 그려가면서 구체적으로 지적해주었다.

덕분에 나는 성공보다 더 귀중한 실패를 많이 경험할 수 있었다. 실패로부터 배우라고 말하면서도 실패를 용납지 않는 일본 사회에서는 좀처럼 얻기 힘든 경험이었다.

생각하지 않는다, 열심히 노력하지 않는다

이처럼 스승의 지시에 따라 다양한 업무를 경험해보기는 했지만 벌이가 좋은 일을 얻을 기회는 좀처럼 오지 않았다. 이익이 큰 일은 그만큼 경쟁이 치열하므로 스스로 붙잡지 않으면 기회를 따낼 수 없다.

화교의 비즈니스에서 가장 중요한 것은 속도다. 화교의 속도는 초고속이어서 한 순간이라도 방심하면 금세 뒤처지고 만다. 새벽이든 심야든, 스승이 호출할 때 즉시 달려가지 않으면 아웃이다. "이 일을 해볼 텐가?"라는 말을 듣고 조금이라도 망설이면 아웃이다. 화교는 상대의 사정 따윈 일체 상관없이 '지금 당장' 움직일 것을 요구한다.

스승은 '일정을 채우지 말라', '생각하지 말라'라는 가르침을 특별히 더 강조했다. '일정을 채우지 말라'라는 말은 기회를 잡으려면 즉시 움직일 수 있도록 여유 시간을 확보해두어야 한다는 뜻이다. 여러 가지 가르침 가운데서도 나는 이것을 특히 중요한 지침으로 명심하고 있다. 그 덕분에 독립한 뒤에도 나는 원하는 기회를 놓친 적이 없다.

일정을 빼곡히 채워두지 않고 여유 시간을 잘 관리하면 '시간의 주인'이 될 수 있다. 시간을 갖는 것은 선택권을 갖는 것이다. 예를 들어 회식모임에 초청받았는데 가고 싶어도 갈 수 없는 것과 가고 싶지 않아서 안 가는 것은 엄연히 다르다.

'생각하지 말라'라는 말은, 그야말로 귀에 못이 박힐 정도로 스승이 가장 집요하게 반복한 말이다. 스승이 기회를 줄 때 내가 조금이라도 망설이는 모습을 보이면 언제나 이런 가혹한 말이 돌아왔다.

"바보가 생각해봐야 바보 같은 대답밖에 안 떠오르고, 먹통이 생각해봐야 먹통 같은 대답밖에 안 나온다. 괜히 머리 굴리지 말고, 생각하지 말고 무조건 해라!"

당시 나는 바보라는 말을 얼마나 많이 들었는지 짜증이 나서 "그 말은 이미 몇 번이나 들어서 잘 알고 있습니다" 하며 이따금 반항하기도 했다. 그때마다 스승은 "알았으면 그렇게 하라"라고 대꾸할 뿐이었다. 스승의 '생각하지 말라'라는 말은 '고민하지 말고 일단 움직여라. 직접 해봐라. 행동하기를 멈추지 말라'라는 뜻이다.

'일정을 채우지 말라'와 '생각하지 말라'라는 두 가르침을 실천하면서 나는 화교의 속도를 어느 정도 따라잡을 수 있게 되었다.

한편, 스승은 '생각하지 말라'라는 가르침과는 반대로 '생각하라'라는 가르침도 주었다. 이것은 판단이 필요한 상황에서 머뭇거리지 않고 순발력 있게 판단할 수 있도록 평소에 깊이 생각해두라는 뜻이다.

화교는 '일'과 '작업'을 명확하게 나눈다. 일은 머리를 써서 계획과 전략을 세우는 것이고, 작업은 머리를 쓰지 않아도 되는 단순 업무나 서류작업 따위를 말한다. 때문에 머리 회전이 잘되는 황금시간대에 '작업'을 하면 혼나지만 아무것도 하지 않고 눈을 감은 채 생각하고 있으면 오히려 칭찬을 받는다. 일반 회사원이라면 게으름을 피운다고 비난받을 행동이 칭찬을 받는 셈이다.

재미있는 것은 일본 사회에서는 열심히 노력하는 것이 미덕이지만, 스승은 '노력하지 말라'라는 말을 입버릇처럼 자주 했다.

화교는 열심히 노력해도 안 되는 것은 안 된다고 생각한다. 하지만 '나라면 할 수 있어', '내가 못할 리 없어'라고 계속 생각하면 진짜 이루어진다고 믿는다. 이 책의 서두에서 말한 것과 같은 이치다.

지금 생각해보면, 내가 남들보다 특별히 더 열심히 일한 것은 아니었다. 일을 좋아하고 적극적으로 해온 것은 사실이지만 쉬는 날도 없이, 잠도 줄인 채 일에만 매달리는 스타일은 아니다. 그저 학생시절부터 사장이 되어 벤츠를 타겠다고 계속 믿고 생각하고 있었기 때문에 여기까지 올 수 있었던 것 같다.

일본 사람들이 자주 쓰는 '열심히 노력하면 해낼 수 있다'는 말과 화교의 '할 수 있다고 계속 생각하면 이루어진다'는 말은 둘 다 정신을 강조하는 말이다. 하지만 두 말의 결정적인 차이는 스스로에 대한 확신이 있느냐, 그렇지 않으냐다. 자신에 대한 확신이 부족한 사람일수록 열심히 노력하려고 애쓴다.

반면, 화교는 매일 2시간씩 점심식사를 즐기고, 낮잠을 자며, 밤에는 친구들과 술을 마시거나 어울려 논다. 자신의 삶을 희생하면서까지 열심히 노력하는 듯한 모습은 전혀 찾아볼 수 없다. 하지만 자신은 반드시 부자가 될 수 있다고 믿고 있고, 실제로 열심히 일하는 사람들보다 훨씬 더 많은 수익을 올리고 있다.

돈을 아껴야 할 곳, 돈을 써야 할 곳

내가 스승의 제자가 된 것은 돈벌이에 뛰어난 화교에게 돈 버는 방법을 배우기 위해서였다. 하지만 화교는 돈 쓰는 방법과 돈을 굴리는 방법에도 무척 탁월하다.

우선 화교는 자신의 일에는 돈을 쓰지 않는다. 상당한 수익을 거두고 있어도 필요 없는 일에는 단 한 푼도 쓰지 않는다. 사무실 경비도 백 원 단위로 철저하게 계산한다.

돈에 대한 개념이 철저하지 못했던 나는 스승의 제자로 들어간 첫날 사무실의 전기포트로 차를 끓이려고 했다가 꾸중을 들었다. 전기세가 아까우니 건물의 공유 가스레인지를 사용하라는 것이었다. 또 스승이 애용하는 천 원짜리 볼펜을 잃어버렸을 때도 지독하게 혼나야 했다. "일은 실패하면 돌이킬 수 있지만 잃어버린 볼펜은 두 번 다시 돌아오지 않는다"라고, 스승은 말했다. 지당한 말씀이다!

한편, 화교는 자신의 동료에게 나누어주는 돈은 아끼지 않는다.

'다른 사람의 지갑에 돈을 넣어둔다'라는 화교의 가르침은 내게 돈 사용법에 대한 혜안을 열어주었다. 이에 대해서는 뒤에서 자세히 소개할 것이다. 화교는 돈뿐만 아니라 지식과 정보, 기술 등도 상대에게 가르쳐주어 나누어 갖는다. 자신의 돈과 시간을 들여서 습득한 것이니 공짜로 가르쳐주기 싫거나 아까운 마음이 들 법도 한데, 화교는 아낌없이 베풀어준다. 한 발 앞을 내다보기 때문이다.

지식이든 정보든 기술이든, 자기보다 더 잘 활용할 수 있는 사람에게 가르쳐주면 자기에게도 득이 된다. 가르침을 받은 상대가 그것을 활용해 이익을 얻으면 그에 상응하는 대가를 돌려주려고 하기 때문이다. 화교 사회에서는 이 원칙이 철저하게 지켜진다. 유형무형에 관계없이 자기가 지닌 것을 독점하지 않고 자기 무리에게 나누어줌으로써 전체가 발전하고 풍요로워지는 길을 선택하는 것이다.

독점하지 않고, 서로 다투지 않고, 자기 무리의 사람들과 나누어야 비로소 더 크게 성장해나갈 수 있다는 화교의 가르침은 내가 회사를 경영하는 데 빼놓을 수 없는 소중한 지침 중 하나다.

아르바이트 직원과 단 둘이서 연매출 10억 원 달성

화교 스승 곁에서 지낸 1년은 회사원 시절의 몇 년에 해당할 정도로 유익하고, 드라마틱하고, 즐거운 시간이었다. 매일매일 새로운 일에 도전하면서 바쁘게 지내다 보니 어느새 독립해서 떠나야 할 때가 왔다. 처음에 선언한 대로, 나는 1년이 되는 시점에 창업을 결심하고 먼저 스승을 찾아갔다.

"치과용 의료기기 판매회사를 시작하려고 합니다. 저는 치과업계 밖에 몰라서요."

"일은 누구에게 시킬 텐가? 돈을 투자할 사람도 정해두었겠지?"

뒤에서 자세히 설명하겠지만, 화교의 사업 철칙 1조는 '사업은 혼자서 하지 말라'다. 사업에서 성공하려면 '기획하는 사람', '돈을 내는 사람', '실행하는 사람'이 한 팀을 이루어야 한다.

사업을 기획하는 사람은 물론 나 자신이다. 사업 자금은 여러 친척들로부터 모았다. 실행은 주로 영업활동이므로 당분간 혼자서 할 생각이었지만 '혼자서 하지 말라'라는 철칙에 따라서, 지인을 아르바이트 직원으로 고용했다.

작은 오피스텔을 빌려서 사무실 겸 전시장으로 이용하고, 치과기기 한 세트를 설치하여 아르바이트 직원과 둘이서 사업을 시작했다. "치과업계에 유통혁명을 일으키자!"라는 슬로건으로, 저렴하면서도 고사양의 수입상품을 판매하기 시작했다.

제품 홍보는 오로지 팩스 DM이라는 아날로그 방식으로 진행했다. 아르바이트 직원이 웹 관련 지식이 풍부한 특기를 살려서 "직접 방문하시면 귀 치과의 모바일사이트를 무료로 만들어드립니다"라는 홍보

문안을 넣었더니 예상보다 많은 사람들이 관심을 갖고 찾아왔다. 일단 방문하기만 하면 다음은 내가 설득할 자신이 있었기 때문에, 사소한 꼬투리를 잡으려는 고객조차도 대환영이었다.

회사가 자리를 잡아나가기 위해서는 신용을 얻는 것과 고정수입원을 확보하는 것이 중요했다. 업계의 관행에 따라 이전 회사에서 거래했던 치과에는 영업하지 않았지만, 신용을 얻기 위해서 내가 다닌 회사의 이름은 활용했다. 치과업계에서는 모르는 사람이 없는 유명기업이기 때문에 회사의 이름을 대면 쉽게 신용을 얻을 수 있었다. 한편, 고정수입을 확보하기 위해서 고개들에게 의도적으로 대금을 분할 지불하도록 유도했다. 한꺼번에 대금을 받는 것도 좋지만, 창업 초기인 만큼 안정성을 확보하는 것이 더욱 필요했다.

이렇게 차근차근 단계를 밟아간 끝에 개업 1년 만에 연매출 10억 원을 달성할 수 있었다.

화교의 가르침을 잊고 대실패

그 뒤 계속적인 성장세로 사업은 성공일로를 달렸다. 그러나 잘나가는 때일수록 자칫 방심하게 되기 마련이다. 나는 자신의 사업적 재능을 과신하고 잘 모르는 분야의 사업에 손을 뻗치고 말았다.

스승에게 먼저 상담했더라면 좋았을 텐데 혼자서도 해낼 수 있다는 것을 보여주고 싶은 마음에 섣불리 사업을 추진했고, 결과는 그야말로 대실패였다!

그런데도 여전히 정신을 못 차리고 내 전문 분야라면 괜찮겠지 싶어서 치과 경영에 손을 댔지만, 이것 역시 대실패였다. 그 밖에도 여러 우여곡절을 겪고 회사자산은 물론 개인 돈까지 모두 잃고 말았다.

상황이 이렇게 되고 나서야 나는 비로소 깨달았다. 그동안 내가 실패한 이유는 화교의 가르침을 지키지 않았기 때문이었다. 스스로를 과신한 나머지 '혼자서 하지 말라'라는 철칙을 잊은 채, 혼자서 기획하고, 출자하고, 영업까지 했던 것이다. 그것이 실패의 결정적 원인이었다. 때문에 스승에게서 '멍청한 바보'라는 호된 질책을 들어야 했다.

극적인 부활, 그리고 '아시아의 용'으로

정신을 차린 나는 화교의 가르침에 따라 재기하기 위해 본업에 전념했다. 그러자 두 달 만에 서서히 부활했고, 다시 급성장했다. 2년 뒤에는 손실금액의 두 배 이상 회복할 수 있었다.

역시 화교의 가르침을 지키면 성공이 보장된다! 만일 화교의 가르침을 몰랐다면 재기는 불가능했을 것이다. 뼈아픈 실수를 범하고서야 비로소 화교의 가르침이 옳았음을 절절하게 깨달았다.

그때부터 나는 오직 화교의 가르침에 따라 사업을 운영했고 드디어 다음 단계로 올라갈 수 있었다. 자체 치과기기 제조회사를 설립한 것이다. 이때는 물론 '혼자서 하지 말라'라는 철칙을 엄수했다.

자사 브랜드로 의료기기를 만들려면 거액의 자금이 필요하기 때문에 스승에게 상담해서 투자자를 모집했다. 그러자 "자금을 투자하겠다", "여러 나라의 언어를 구사할 수 있으니 도움을 주겠다", "영업에 참여하고 싶다" 등을 주장하는 다양한 사람들이 모여들었고, 그중에서 나는 일본 유학 중인 중국인 청년을 파트너로 골랐다. 돈을 대준 것은 그의 아버지였지만 아버지의 후광과 더불어 그 청년의 사업적인 감각에도 크게 끌렸기 때문이다.

당초 내 사업 목표는 일본 제일의 치과기기 제조회사로 키우는 것이었다. 그 청년과 한 팀이 되면서 그 가능성이 더 커졌고, 지금의 목표는 아시아에서 시장점유율 1등 기업이 되는 것이다. 그리고 나 자신은 아시아의 용, 즉 '아롱亞龍'이 될 것이라고 생각하고 있다. '계속 생각하고 있으므로' 반드시 해낼 수 있을 것이다.

솔직히 삼십대에 제조회사를 만들 수 있으리라고는 나 스스로도 상상하지 못했다. 화교의 제자가 되지 않았더라면 절대 불가능했을 것이다. 판매회사를 창업하는 것은 혼자서도 가능했지만 불과 3년 만에 완전히 망하지 않았던가? 내가 다시 부활할 수 있었던 것은 오직 화교의 가르침 덕분이다.

앞서 밝힌 내 실패담에서 알 수 있듯이 화교의 비즈니스 방식을 배우면 언제, 어디서든지 한순간에 역전할 수 있다. 몇 번을 실패해도 다시 부활할 수 있다. 지금 이 책을 펼친 당신에게도 나와 똑같은 기회가 펼쳐져 있다.

1장

실패하지 않는
업무추진 방식

사업은 절대로
혼자 하지 않는다

"100억 원을 만드는 것은 아주 간단하다네."

어느 날 스승이 이렇게 말했다.

"인간이 천 년을 산다고 해도 하늘을 날 수는 없지만 삼백 년쯤 산다면 지금 자네 수준으로도 100억 원 정도는 만들 수 있지. 문제는 그속도를 어떻게 올리느냐는 것이지."

스승의 말에는 중요한 가르침이 들어 있다. 바로 돈 버는 속도를 올리라는 것이다. 돈 버는 속도를 올리는 방법에는 두 가지가 있다.

첫째, 쉬지 않고 달리면 된다. 나는 이 말을 명심하여 첫 사업을 시작할 때 중국 공장의 사장 눈에 들었고 그 덕분에 많은 편의를 제공받아 쉽게 자리 잡을 수 있었다. 사장은 "자네는 한순간도 쉬지 않고 항상 달리고 있지. 그게 성공의 결정적인 요인이야"라며 내 노력을 높이 인정해주었다.

크게 '한방'을 노리려고 하지 않고 하루하루 성실히 일하면서 꾸준히 달려가다 보면 성공과 돈은 자연히 따라오게 마련이다. 당연한 말이지만, 성공한 사람들의 대부분은 부지런하고 성실한 사람들이다. 이들은 남들이 걷거나 휴식을 취할 때 쉬지 않고 달린 사람들이다.

돈 버는 속도를 올리는 두 번째 방법은 혼자서 일하지 않고 잘하는 사람과 함께 일하는 것이다. 혼자서 10년이 걸릴 일도 열 명이 함께하면 1년 안에 목표를 이룰 수 있다. 시너지 효과가 나면 그보다 훨씬 더 앞당길 가능성도 있다. 여기서 중요한 것은 팀원의 역할이다.

세 개의 역할로 구성된 한 팀으로 움직여라

화교는 기본적으로 세 개의 역할로 구성된 팀을 조직한 후 일을 추진한다. 이들은 한 개인에게만 의존하지 않고 철저하게 팀 체제의 비즈니스를 운영해나간다. 팀을 구성하는 세 개의 역할은 다음과 같다.

1. 기획하는 사람 : 사업계획
2. 실행하는 사람 : 업무수행
3. 돈을 내는 사람 : 출자

나 역시 세 개의 역할로 구성된 팀을 만들어 상식적으로는 불가능한 빠른 속도로 의료기기 제조 사업을 성공시킬 수 있었다. 나는 사업을 기획하는 역할을 맡았다. 내 기획이 돈이 된다는 확신이 들자 다음 단계로 실행할 사람을 정했다. 내 기획을 실행하기 위해서는 정예의 영업직원 몇 명과 기술 서비스 담당자가 필요했다. 그들을 정한 뒤 돈을 내는 사람, 즉 투자자를 소개받아서 곧바로 사업을 시작했다.

화교들은 늘 좋은 투자처를 찾고 있기 때문에 이익을 낼 가능성이 높은 사업이라면 앞다투어 투자 의사를 밝힌다. 결정 속도도 매우 빨라서 불과 1시간 정도의 미팅을 통해 투자 결정을 내린다. 나는 이들에게 사업의 성공 가능성을 적극적으로 어필해 투자를 이끌어냈다.

뭐든지 잘하는 사람이 될 필요는 없다

앞서 말한 것처럼 화교의 비즈니스는 '세 개의 역할로 구성된 한 팀'에 의해 움직인다. 이때 팀원을 뽑는 기준은 오직 실제 프로젝트에서 각자의 역할을 충실히 해낼 수 있느냐다. 돈을 갖고 있지 않으면 돈을 내는 사람'이 될 수 없듯이 사업을 '기획하는 사람'도, 현장업무를 '실행하는 사람'도 결국 그만한 능력이 있느냐가 기준이 된다.

이는 모든 비즈니스에서 적용되는 원리다. 자신이 할 수 없는 일은, 그 일을 할 수 있는 다른 사람에게 맡기면 된다. 무엇이든 다 잘하는 사람이 될 필요는 없다.

일본 사람들은 지나치게 부지런하기 때문에 자신의 역할에 필요 없는 것까지 열심히 배우려는 경향이 있다. 나도 한때는 외국 기업과 거래하려면 일정 수준 이상의 영어회화를 구사해야 한다고 생각해서 영어 공부에 많은 시간을 투자했다. 그러나 현실에서는 통역이 있으면 영어를 잘하지 못해도 아무런 지장이 없다.

적성과 비전을 고려하여 자신의 역할을 정확히 이해하면 노력해야 할 방향이 더욱 분명해진다. 그렇게 자신의 역할을 강화시킨 다음 다른 역할에 특화된 사람들과 함께 팀을 짜서 속도를 높여야 한다.

'혼자서 하지 말라'라는 가르침에는 '견제'의 뜻도 담겨 있다. 다른 일원들이 열심히 일하는데 혼자만 게으름을 피우면 금방 눈에 띄고 배척당하기 마련이다. 어떤 일이든 서로를 견제하고 의식하는 과정에서 집중도가 높아진다.

인간은 약한 존재고, 혼자서는 더더욱 약한 존재다. 각자 잘할 수 있는 역할을 맡아 팀을 이루어야 강해질 수 있다. 이러한 방식으로 비즈니스의 속도를 최대한으로 끌어올려야 한다.

화교의 가르침 · 1

뭐든지 다 잘하는 사람이 될 필요는 없다. 자신이 할 수 없는 일은 그 일을 잘하는 다른 사람에게 맡기면 된다. 강한 팀을 구성하라. 그리고 비즈니스의 속도를 최대한 끌어올려라!

일정을
빼곡히 채우지 않는다

"일정을 꼭 채워두지 말게. 일정 관리는 항상 여유 있게 해야 하네."

스승에게서 철저하게 주입받아 지금도 내가 가장 명심하고 있는 소중한 가르침이다.

화교는 비즈니스의 생명은 속도라고 생각한다. 이들은 돈벌이에 관해서라면 결코 뒤로 미루는 법이 없고, 그 자리에서 할지 말지를 결정한다. 그리고 일단 하기로 결정하면 즉석에서 실행할 사람 후보를 정한 뒤 그들에게 차례로 전화를 건다. 이때 전화를 받지 않으면 즉시 제외시킨다. 이후에 그가 팀의 일원이 될 기회는 없다.

내가 스승 밑에서 배우며 일하던 시절, 일정에 없는 급한 부름을 받는 일이 다반사였다.

"정부의 요인이 와 있으니 지금 당장 사무실로 들어오게."

"갑자기 중요한 술자리가 생겼으니 반드시 참석하게."

"오늘 오후에 출발해 중국으로 2박 3일 출장을 다녀오게."

이때 만일 내 사정 때문에 스승의 요구에 응하지 못하면 일생에 한 번뿐인 인연과 기회를 놓치게 된다. 뿐만 아니라 나를 불러준 스승의 체면을 떨어뜨리는 실수를 하게 된다. 체면을 목숨보다 중요하게 생각하는 화교들에게 이것은 결코 작은 실수가 아니다. 만약 내가 이런 실수를 되풀이했더라면 애초에 사업을 시작조차 하지 못했을 것이다.

'기회의 종'을 꺼두면 안 된다

화교와 비즈니스를 할 때는 24시간, 언제 어디서든 전화 받을 태세를 갖추고 있어야 한다. 귀찮고 피곤하다는 생각이 들 수도 있지만 걸려오는 전화 벨소리가 인생을 바꿀 기회의 종소리라면 어떨까? 귀찮기는커녕 설레어 심장이 두근거리지 않을까?

비즈니스를 하는 사람이라면 작은 만남이나 우연한 기회가 비즈니스를 성장시키는 데 결정적인 역할을 한다는 것을 잘 알고 있을 것이다. 실적 향상에서 출세와 독립, 그리고 최종적으로 자신의 사업을 창업하는 것까지 장기적인 플랜을 세워둔 공격형 비즈니스맨이라면 좋은 기회를 잡는 것이 더더욱 중요하다.

물론 24시간 일정을 비워두는 것은 현실적으로 불가능하다. 나는 이 문제를 고민하다 '차단 시간'을 만드는 방법을 통해 상당한 효과를 거두었다. 이 방법은 스승에게 일을 배우면서 인정받기 위해 동분서주하던 무렵에 자연스럽게 터득한 방법이다.

'차단 시간'은 최근에 유행하는 '타임 블로킹time blocking'과는 다르다. 타임 블로킹은 자신의 일에 집중하기 위해서 일정 시간 동안 나머지 모든 일을 외면하는 것이다. 이런 방식으로는 업무의 효율성은 높일 수 있을지 모르나 기회의 종은 울리지 못한다. 기회를 얻기 위해서는 휴대전화의 전원을 절대 꺼두면 안 된다!

기회를 붙잡기 위해서는 '무시하는 마음'도 필요하다

'차단 시간' 기법을 사용하기 위해서는 먼저 자신의 비즈니스에서 가장 중요한 사람이 누구인지를 정해야 한다. 지금 자신에게 기회를 주는 이가 누구인가? 매출 향상이 목표라면 주문을 많이 해주는 단골 거래처일 것이고, 출세가 중요하다면 자신을 이끌어주는 상사일 것이다.

일단 중요 인물을 설정하면 그 사람 외에는 모두 차단하는 시간을 정한다. 그 사람을 중심으로 일정을 짜서 몇 시부터 몇 시까지는 그 사람에게 걸려오는 전화만 받고 그 사람의 일만 하겠다고 정해둔다. 그 사이에 다른 사람은 일체 무시한다. 자신에게 상사가 가장 중요하면 손님에게서 전화가 걸려오더라도 무시한다. 손님에게는 차단 시간이 지난 후에 다시 전화를 걸면 된다.

당시 내게 가장 중요한 인물은 말할 것도 없이 화교 스승이었다. 다른 사람과 약속을 했더라도 스승에게서 호출이 오면 양해를 구하고 그 즉시 스승에게 달려갔다.

현실에서는 이런 방식이 불가능하다고 생각할 수도 있을 것이다. 하지만 방법은 찾아내기 나름이다. 예를 들어, 당신이 외부 거래처를 찾아다니는 영업사원이라고 하자. 당신에게 가장 중요한 인물이 실적의 대부분을 올려주는 거래처의 담당자라면, 일단 회사에 출근해서 최소한의 업무만 처리한 뒤 거래처 근처의 카페에서 대기할 수도 있다. 중요한 인물이 회사 내에 있다면 어떤 외근이든 오후 3시까지는 끝내고 다시 회사로 돌아와 그가 호출할 때 즉시 달려갈 수 있도록 대기한다. 방식은 자신과 상대방의 입장이나 관계에 따라 얼마든지 달라질 수 있으니 유연하게 생각하면 된다.

중요한 것은 자신을 끌어주는 사람, 자신에게 원하는 기회를 안겨줄 사람을 가장 우선적으로 생각하는 태도다. 이것은 타임 블로킹처럼 단순히 효율성을 중시하는 기술이 아니라 비즈니스의 기회를 붙잡기 위해 능동적으로 시간을 사용하는 기술이다.

당신이 다른 사람들과 같은 방식으로 주위의 분위기나 규칙에 따라 행동한다면 당신이 잡을 수 있는 기회의 횟수나 크기, 그리고 기회를 붙잡는 속도도 평균적인 수준에 머물게 될 것이다. 더 빨리, 더 많이, 더 중요한 기회를 잡기 위해서는 남들과 다른 발상과 접근법을 시도해야 한다.

기회를 잡는 것도 습관이다. 아무리 좋은 기회라도 놓쳐버리고 후회하면 아무 소용이 없다. 기회를 잡는 첫 단계는 일정을 빼곡히 채우지 않고 적당한 여유시간을 확보하는 것이다. 이 방식은 의외로 성공 가능성이 매우 높다!

화교의 가르침 · 2

기회를 붙잡으려면 지금 자신에게 가장 중요한 사람이 누구인지 알아야 한다. 자신을 이끌어줄 사람, 원하는 기회를 안겨줄 사람을 찾아라. 그리고 언제든 그의 호출에 응답할 수 있도록 준비하라!

먼저
손을 든다

"생각하지 마라!"

내가 화교 스승에게 일을 배울 때 가장 많이 들었던 말 중 하나다. "자네, 이 일 한번 해볼 텐가?"라고 물었을 때 내가 잠시라도 생각하거나 머뭇거리면 여지없이 스승의 호통이 떨어졌다. "지금 무슨 생각을 하나? 자네는 생각할 이유가 없지 않나?" 하고 스승은 냉정하게 잘라 말했다.

때때로 스승은 직설적으로 꾸짖기도 했다.

"바보가 생각해봐야 바보 같은 대답밖에 안 떠오르고, 먹통이 생각해봐야 먹통 같은 대답밖에 안 나온다. 생각하지 말고 무조건 해라!"

처음 이 말을 들었을 때는 대놓고 나를 바보 취급하는 스승에게 화가 나고 억울한 감정이 치밀었다. 하지만 곧 그 말의 의미를 알게 되었다. 스승이 생각하지 말라고 한 것은, 내가 현명하다면 굳이 생각하지 않아도 이 일을 해야 할지 하지 말아야 할지 금세 판단할 수 있고, 반대로 내가 현명하지 못하다면 깊이 생각한들 소용없는 짓이니 어느 쪽이든 생각하는 게 무의미하다는 뜻이다.

성공의 기회는 2/3 확률

"돈이 될 만한 괜찮은 사업 아이템이 있으니 하고 싶은 사람은 손을 드시오."

당신이 이런 제안을 들었다고 하자. 돈이 될 만하다는 근거와 구체적인 사업 내용 등의 정보는 없다. 이때 당신은 어떻게 할 것인가?

- 생각하지 않고 가장 먼저 손을 든다 : 이득을 얻을 가능성이 크다.
- 확신은 없지만 일단 손을 든다 : 이득을 얻을 가능성이 있다.
- 확신이 없어서 손을 들지 않는다 : 이득을 얻을 가능성이 없다.

제안 받은 아이템이 정말 돈벌이가 될까? 내가 잘할 수 있는 일일까? 혹시 위험요소는 없을까?

이런 물음에 자신 있게 답할 수 있든 없든, 일단 가장 먼저 손을 들면 가장 먼저 성공할 기회를 얻을 수 있다. 자신의 능력과 태도 여하에 따라서 상상 이상으로 큰 이익을 얻을 수 있을지도 모른다. 물론 예상치 못한 손해나 실패를 경험할 수도 있다. 하지만 분명한 것은 오직 손을 든 사람만이 기회를 얻을 수 있다는 것이다. 손을 들지 않으면 어떤 기회와 이득도 얻을 수 없다.

비즈니스에 능한 화교가 돈이 된다고 단정한 사업이라면 실제로 이득을 얻을 가능성이 매우 높다. 그러니 망설임 없이 손을 들어도 잃어버릴 것이 거의 없고, 비록 이익이 낮거나 적자를 냈다 하더라도 치명상을 입지는 않는다. 화교의 비즈니스에는 실패가 없기 때문이다. 이 이유에 대해서는 다음 장에서 자세히 설명할 것이다.

내가 스승의 사무실로 출근한 지 얼마 안 되었을 때의 일이다. 중국의 제법 큰 의류회사가 대량의 B급 제품을 싼값에 팔고 싶어한다는 정보가 들어왔다. 이런 정보는 다른 재일 화교나 재일 중국인에게도 흘러들어가기 때문에 가장 먼저 결단하는 사람만이 기회를 얻게 된다. 먼저 손을 드는 사람이 승자가 되는 비즈니스인 것이다.

마침 스승이 내게 직접 해보지 않겠느냐고 물었고, 나는 비록 경험이 전혀 없었지만 주저하지 않고 바로 손을 들었다.

중국에서 들여오기로 한 B급 의류품은 40피트짜리 컨테이너 박스를 가득 채우는 분량이었다. 이런 대량의 물품은 수입해도 보관할 공간이 없기 때문에 한시라도 빨리 처분할 곳을 확보해야 이득을 남길 수 있다. 말 그대로 시간과의 싸움이다. 나는 가까스로 전국 규모의 도매업자와 계약을 성사했는데, 그 다음부터는 그야말로 미지와의 조우였다.

섬유의 종류조차 잘 알지 못했던 내가 섬유 구별법을 단 하루 만에 미묘한 차이까지 숙달하고, 중국어를 거의 이해하지 못하는 상태에서 혼자 상하이로 건너가 일주일에 걸쳐서 엄청난 양의 옷을 분류하면서 일일이 사진을 찍었다. 나는 이전까지 무역 일에 대한 경험이 전혀 없었기에 해외통관에도 상당히 어려움을 겪었다. 예산도 적어서 비교적 저렴하다는 운송회사를 찾아 중국의 지방으로 달려내려가 담당자의 구두를 핥을 각오로 바닥에 머리를 조아리며 통사정을 해야 했다.

그때의 상황을 자세히 쓰려면 끝이 없을 정도로, 당시 나는 하나부터 열까지 필사적으로 몸으로 부딪쳐 해결했고 상당한 매출을 올릴 수 있었다. 그러나 정작 결산 결과는 기대 이하였다. 무역에 대한 이해와 경험이 전혀 없었던 나는 일을 추진하는 과정에서 여러 가지 판단 착오를 일으켰고, 매출은 높았으나 불필요한 지출이 자꾸 늘어나는 바람에 결국 적자를 내고 말았다.

하지만 이 일을 통해 나는 어디에서도 배울 수 없는 귀중한 경험과 지식, 배짱 등 여러 가지를 얻었다. 그중 가장 큰 소득은 "앞으로 어떤 어려운 일을 맡겨도 끝까지 해낼 수 있겠다"라는 스승의 평가를 얻어낸 것이다. 오직 화교 비즈니스의 비법을 배우겠다는 일념으로 일해온 내게 스승에게 인정받는 것보다 큰 이득은 없었다. 비록 수익은 내지 못했지만 개인적으로는 대성공을 거두었다고 자부할 만했다.

나는 이 경험을 통해 금전적인 손실을 입더라도 그보다 더 중요한 이득을 얻을 수 있다는 것, 승자가 될지 패자가 될지는 일에 대한 자신의 태도에 달려 있다는 것을 마음에 새기게 되었다.

화교의 가르침 · 3

비즈니스에서는 경험이 곧 자산이다. 오직 손을 든 사람만이 직접 경험해볼 기회를 얻는다. 손을 들지 않으면 어떤 기회와 이득도 얻을 수 없다.

화교의 비즈니스에
실패란 없다

"성공하지 못했다 해도 잃는 것은 돈뿐이다. 용기를 잃지 않으면 실패한 것이 아니다."

화교는 금전적인 손실이 곧 실패라고는 생각하지 않는다. 그 배경에는 실수를 실패로 여기지 않는 문화가 있다. 이는 "실패 따위는 없다. 잘 되지 않는 방법을 칠백 번 발견한 것뿐이다"라는 에디슨의 명언과도 일맥상통한다. 화교가 작은 실수에 연연했다면 세계를 무대로 부와 성공을 쟁취하는 상혼 민족이 결코 되지 못했을 것이다.

돈벌이에 탁월한 능력을 지닌 화교라고 해도 검증되지 않은 사업이나 실증 데이터가 부족한 비즈니스를 할 때는 위험확률이 높을 수밖에 없다. 하지만 이때도 화교는 주저하는 법이 없다.

새로운 일에 도전할 때 화교가 일본인과 다른 점은 기동력이 훨씬 뛰어나다는 것이다. 화교는 늦은 판단이 곧 치명상으로 이어질 수 있다고 여기기 때문에 기다리기보다는 일단 행동으로 옮긴다. 실수를 하더라도 실수를 통해 성공할 수 있는 방법론을 얻는 것이 이득이라고 생각하는 것이다.

때문에 이들은 좀처럼 실수를 두려워하지 않는다. 화교에게 실수는 성공으로 가기 위해 반드시 거쳐야 할 단계다. 바로 이러한 배짱과 불굴의 정신이 전 세계 최고의 상혼을 만들어낸 것이다.

큰 실패일수록 지혜롭게 살려내면 재산이 된다

물론 비즈니스의 세계는 결코 단순하지도, 관대하지도 않다. 실수를 계기로 마음을 다잡고 열심히 일하겠다는 단순한 동기부여 수준으로는 냉혹한 비즈니스의 세계에서 살아남을 수 없다. 실수로 인한 손실이 크면 다음에 만회하려고 애를 써도 결국 마이너스가 되거나 혹은 재기 불가능한 상황이 된다.

하지만 발상을 바꾸면 실패의 경험을 노하우로 전환시킬 수 있다. 이때 실패가 클수록 오히려 더 큰 재산이 된다. 이 법칙은 회사원의 경우에도 충분히 응용할 수 있다.

당신이 업계 최초로 신규 사업을 맡아 온힘을 다했지만 결국 실패했다고 가정해보자. 아마도 당신은 회사로부터 실패의 원인을 추궁당

할 것이다. 이때 당신은 실패할 수밖에 없었던 이유와 상황에 대해 변명해서는 안 된다. 오히려 실패를 통해서 얻어낸 이점을 당당하게 어필해야 한다.

"이 프로젝트가 실패했기 때문에 결과적으로 우리 부서의 비용 절감이 이루어졌습니다. 아무도 시도하지 않은 비즈니스는 누군가 직접 해보지 않으면 검증할 수 없습니다. 수차례 장시간의 회의를 하거나 가설을 세워 시뮬레이션해보아도 직접 시도해보기 전에는 결코 성공한다는 확실한 보장을 얻을 수 없습니다. 저는 직접 시도했고, 제가 시도하지 않았더라면 이 건에 대해서는 아직도 논의만 계속하고 있을 것입니다. 빨리 결과를 알 수 있었기에 시간적인 비용은 물론이고 인적 비용도 줄일 수 있었습니다."

이렇게 말하는 것이다. 그리고 여기서 한 발 더 나아간다.

"이 프로젝트는 수치상으로는 분명 마이너스입니다. 하지만 저는 진행 과정을 통해 실패한 이유와 실패할 수밖에 없는 방법을 찾아냈습니다. 이 노하우를 사내 전체가 공유하면 훨씬 더 많은 비용을 줄일 수 있을 것입니다."

당신이 이렇게 말했을 때 도전하는 정신과 용기를 높이 평가해주지 않고 오히려 실패에 대한 책임을 지우는 회사라면 일찌감치 그만두는 것이 이득이다.

작은 실패를 여러 번 경험한 자가 큰 도전에 성공한다

일본에서는 벤처가 성장하지 못한다고 한탄하는 이들이 많다. 하지만 최근 들어 도전정신이 넘치는 젊은이들에게 다양한 기회를 제공해 능력을 발휘하도록 유도하는 기업이 늘어나고 있다. 한편 실패를 과도하게 경계해 오히려 돌이킬 수 없는 큰 실패를 되풀이하는 구태에서 벗어나지 못하는 대기업도 많이 존재한다.

화교와 비교했을 때 일본인은 실패에 대한 면역력이 매우 약하다. 이를 극복하기 위해서는 큰 도전을 하기 전에 작은 도전을 반복해서 다양한 실패 경험을 쌓아야 한다. 어린 아이가 작은 위험을 통해 진짜 위험에 대처하는 법을 배우게 되는 것과 같은 이치다. 처음부터 다섯 계단 위에서 뛰어내리면 발을 다치지만 두 계단 위에서 뛰어내리는 것을 자꾸 연습하다 보면 계단에 대한 두려움이 없어지고 다치지 않는 노하우도 터득할 수 있게 된다. 반면 아무런 준비 없이 무작정 맨 위 계단에서 뛰어내리면 목숨을 잃고 만다.

화교는 비즈니스를 할 때 치명상만은 입지 않아야 한다는 것을 철칙으로 삼는다. 치명상을 입지 않기 위해서는 미리미리 작은 실패 경험들을 쌓아야 한다. 그리고 실패해도 죽지 않고 다시 일어설 수 있다는 것을 몸과 마음으로 깨달아야 한다.

이 과정을 되풀이하는 사이에 비즈니스맨으로서 면역력이 높아지고, 결정적 순간에 위험을 피할 수 있는 순발력과 판단력이 자연스럽게 길러진다. 이러한 바탕 위에서 비로소 용기 있게 도전하고 성공을 쟁취해내는 불굴의 상혼이 길러지는 것이다.

화교의 가르침 · 4

실패를 감수하더라도 도전하는 것이 이득이다. 실패를 통해 성공할 수 있는 방법론을 얻을 수 있기 때문이다. 그 과정에서 비즈니스맨으로서 면역력이 높아지고 어떤 상황에서도 치명상을 입지 않는 노하우를 얻게 된다.

과거의 실적을
묻지 않는다

화교는 도전하는 사람을 환영한다. 이때 중요한 것은 도전하는 사람의 과거 실적을 따지지 않는다는 것이다. 화교는 학력과 나이, 실적 따위는 중요하게 여기지 않는다. 과거의 수치를 따지는 것은 새로운 가능성을 배제하는 태도라고 여겨 오히려 경계한다.

사람을 뽑을 때 화교는 과거의 실적이 아니라 장래성과 발전 가능성을 기준으로 삼는다. 이미 검증된 사람에게 투자하는 것보다 새로운 도전자가 능력을 발휘할 수 있도록 지원하고 훈련시키는 것이 장기적으로 더 효과적이고 이득이 크다고 생각하기 때문이다. 또한 화교 보스는 자신의 터전을 넓히는 것이 본분이기 때문에 새로운 사람을 끌어들여 무리를 늘리는 것을 체면상으로도 매우 중요하게 생각한다.

진심이 전해지면 사람의 마음은 반드시 움직인다

화교가 실적을 묻지 않는다고 해서 아무나 받아준다는 뜻은 아니다. 화교 사회가 받아주는 사람은 '기꺼이 부탁할 줄 아는 사람'이다. 화교 스승이 일본인인 내게 화교 수업에 참여할 수 있도록 문을 열어준 이유도 바로 이 때문이다. 나는 1년 넘게 스승을 찾아가 제자로 삼아달라고 집요하게 부탁하고 매달렸다.

프롤로그에서 밝혔듯이 처음에 나는 스승에게 찾아가 제자가 되고 싶다고 애원했지만 번번이 거절당했다. 스스로 돈을 벌어본 적이 없다는 이유 때문이었다. 영업사원으로서 우수한 실적을 올렸으니 잘할 수 있다고 어필해보았으나 전혀 통하지 않았다. 어쩔 수 없이 나는 스승이 말한 대로 직접 돈을 벌기 위해 인터넷에서 정보 제공 사업을 시작했다. 그리고 제법 괜찮은 수익을 거둔 뒤 다시 스승을 찾아가 부탁한 끝에 드디어 제자가 될 수 있었다.

만일 내가 정보 판매 사업에서 별다른 성과를 거두지 못했다면 어땠을까? 그래도 스승은 나를 제자로 받아주었을 것이다. 스승이 내게 원한 것은 실적이 아니었다. 영업사원 시절의 실적도 아니고, 직접 사업을 해서 실적을 내기를 바란 것도 아니었다. 스승은 내 진심을 시험해보았던 것이다. 현재의 안정된 수입과 직장을 버리더라도 제자가 되겠다는 열정을 가졌는지, 밑바닥부터 다시 시작하겠다는 간절함과 각오가 있는지 확인하고 싶었던 것이다.

최근 최첨단 비즈니스 기법들이 쏟아지고 있지만 아직도 진정성만큼 강한 무기는 없다. 대부분의 사람들은 기꺼이 부탁하고 매달리는 사람에게 호감을 갖는다. 처음에는 세련된 매너와 화법을 가진 이에게 끌리더라도 결국에는 진심어린 각오를 내보이는 사람에게 마음의 문을 연다.

일본에서도 예전에는 고객을 대할 때 진정성을 가장 중요한 요소로 꼽았다. 하지만 언제부터인가 세련된 화술과 매너가 비즈니스맨의 본질인 것처럼 잘못 인식되고 있다. 진정성으로 어필하려는 것을 촌스럽고 전근대적인 방식으로 여기는 풍조가 생긴 것이다.

화교는 여전히 진정성을 비즈니스의 가장 우선순위로 꼽는다. 비즈니스를 하는 상대는 예전이나 지금이나 '사람'이기 때문이다. 진심을 드러내놓고 표현하는 것만큼 사람에게 큰 울림을 주는 것은 없다. 진심이야말로 가장 호소력 강한 비즈니스 무기다.

방법을 가르치면 진짜 능력을 알 수 있다

화교가 과거의 실적을 묻지 않는 데는 또 다른 이유가 있다. 화교는 한 사람이 어떤 능력을 갖고 있는지는 과거의 실적만으로 판단할 수 없다고 생각한다. 화교는 다음의 두 가지 단순한 가설에 근거하여 사람의 능력을 평가하고 가능성을 탐구한다.

1. 적성에 맞는가? : 영업실적은 좋지 않지만 경리업무는 잘 맞을 수도 있다.

2. 노하우가 있는가? : 영업실적이 좋지 않은 이유가 판매방법을 잘 몰랐기 때문일 수 있다.

이 중 화교가 더 중요하게 생각하는 것은 노하우가 부족해 실적이 저조한 경우다. 실제로 많은 사람들이 충분한 재능을 갖고 있지만 노하우가 부족해 능력을 제대로 발휘하지 못한다. 이런 사람들은 올바른 방법이나 효과적인 방식을 배우기만 하면 다른 사람보다 월등한 실적을 낼 수 있다. 1의 결과를 내던 사람이라 하더라도 방법을 제대로 배우기만 하면 보통사람들이 5의 결과를 낼 때 10의 결과를 낼 수도 있다.

때문에 화교는 과거의 성과 여부를 따지지 않고 무슨 일이든 일단 도전해볼 기회를 준다. 그리고 성과를 내기 위해 필요한 실질적인 노하우들을 알려준다. 업무목표가 주어졌을 때 어떤 식으로 접근해야 하는지, 어떤 방법을 사용해야 하는지, 어떤 기술이 필요한지를 구체적으로 가르쳐주는 것이다.

나는 화교 스승 밑에서 일하며 다양한 비즈니스에 도전했고 그때마다 해당 업무에 필요한 노하우들을 전수받았다. 세계 최고라고 인정받는 화교의 비즈니스 노하우를 배우는 것은 내게 무척 소중한 기회이자 경험이었다. 하지만 그보다 더 의미 있는 일은 그 과정에서 미처 나 자신도 몰랐던 나의 숨은 능력을 발견했다는 것이다.

누구나 과거의 나처럼 자신도 알지 못하는 수많은 잠재능력을 갖고 있다. 따라서 회사원이든 혹은 회사를 운영하는 경영자든 과거의 실적에 연연해 사람을 판단하는 것은 발전 가능성을 원천봉쇄하는 매우 어리석은 일이다.

화교의 가르침 · 5

과거의 실적이 아니라 잠재능력에 주목하라. 이미 검증된 사람에게 투자하는 것보다 새로운 도전자가 능력을 발휘할 수 있도록 지원하고 훈련시키는 것이 더 큰 이익을 낳는다.

일을 못하는 사람도
환영한다

화교는 기본적으로 개인의 능력을 가장 중시한다. 하지만 그들의 직장에는 의외로 업무능력이 부족한 사람, 이른바 '무능한 사람'도 섞여 있다.

내가 막 독립해서 치과 의료기기 판매 사업을 시작했을 무렵 화교 스승이 이런 말을 했다.

"자네가 시작한 사업이 순조롭게 자리 잡아가고 있군. 내 제자 가운데 자네가 가장 빨리 성공한 편이지만, 자네가 빛나는 것은 모두 다른 사람들 덕분이네. 첫 사업에 실패한 동료, 몇 년째 적자를 보고 있는 동료들이 있기 때문에 자네의 성공이 더욱 돋보이는 것이야. 이 사실을 꼭 기억해두게."

스승은 당시 내가 미처 생각하지 못한 점을 지적하며 동료들의 중요성과 고마움에 대해 생각해볼 수 있도록 해주었다.

회사에서도 마찬가지다. 최고의 매출실적을 올리는 영업사원은 회사의 인정을 받고 많은 사람들의 부러움의 대상이 된다. 하지만 그가 자신의 힘만으로 일등이 될 수 있을까? 다른 직원들이 있기 때문에 순위가 매겨지고 일등이 만들어진다. 일등이 있으면 꼴등이 있기 마련이고, 꼴등이 있기에 비로소 일등이 빛나는 것이다. 따라서 회사에서는 일등을 빛내주는 꼴등도 매우 중요한 역할을 맡고 있다.

화교는 무능한 사람은 '무능한 역할'을 맡고 있다고 생각한다. 그가 무능한 역할을 맡아주기 때문에 다른 사람들이 더욱 분발할 수 있다는 것이다. 따라서 화교는 무능한 사람도 중요하게 여긴다. 그들에게 무리해서 노력하라고 요구하지 않는다. 이미 그들은 중요한 역할을 하고 있기 때문이다.

못하는 사람을 섞어놓으면 팀 성적이 올라간다

실제로 유능한 사람들로만 구성된 팀보다 무능한 사람이 섞여 있는 팀이 더 조화롭고 결과적으로 팀 전체의 성적도 올라간다.

예를 들어, 여섯 명으로 구성된 영업부서에서 두 명이 무능한 사람이라고 생각해보자. 나머지 네 명은 무능한 두 명에 비해 상대적으로 자신의 능력이 뛰어나다는 것을 인지하고 은연중에 자신감을 갖게 된다. 비즈니스에서는 실력도 중요하지만 자신감이 더욱 중요한 경우가 많다. 자신감을 가진 네 명은 한층 더 의지를 불태워서 실력을 발휘하려고 할 것이다. 따라서 자연히 실적이 높아진다.

또한 무능한 사람은 실수를 해도 크게 문제가 되지 않는다. 중책을 맡은 우수한 직원이 실수를 하면 중책을 맡은 만큼 실수의 여파도 상당히 커진다. 하지만 무능한 직원이 실수하면 대개 사과하는 정도로 끝난다. 그의 작은 실수를 우수한 직원이 확실하게 수습해주면 오히려 고객에게서 좋은 평가를 받게 된다. 이처럼 팀 전체로 보면 다소 무능한 사람이 섞여 있기 때문에 오히려 조직이 조화롭게 운영될 수 있는 것이다.

화교의 가르침 · 6
팀 전체로 보면 무능한 사람도 중요한 역할을 맡고 있다. 그가 있기 때문에 다른 사람들이 더욱 분발하여 실적을 내고 조직이 조화롭게 운영될 수 있기 때문이다.

부탁하는 영업을
마다하지 않는다

"일본인은 너무 겉멋을 부린다!"

화교 동료들은 종종 이렇게 말하며 나를 놀린다. 화교에 대해 잘 모르던 시절 나는 이런 말을 들으면 코웃음을 쳤다. 체면을 목숨보다 중요하게 여기는 화교가 일본인에게 겉멋을 부린다고 말하다니! 화교들이야말로 평소 상대의 비위를 맞추거나 먼저 머리를 숙이는 법이 없기 때문이다.

그런데 화교는 비즈니스를 할 때에는 태도가 돌변한다. 그들은 수단과 방법을 가리지 않는다. 그래서 화교가 일할 때의 모습을 보면 무척 촌스럽고 주먹구구식인 것처럼 보인다. 세련된 화술이나 태도는 조금도 찾아볼 수 없다. 화교는 목적을 이루기 위해서라면 무릎을 꿇든, 소매를 잡고 매달리든, 한 번만 봐달라고 통사정을 하든 무슨 일이든 한다. 이들은 '부탁 영업'의 달인이다.

화교는 계약을 따내기 위해서 무릎 꿇는 것을 전혀 부끄러워하지 않는다. 오히려 그렇게 하지 않고 빈손으로 돌아오는 것이 훨씬 창피하고 체면 깎이는 일이라고 생각한다.

이런 화교의 눈에는 적정한 선을 지키며 비즈니스를 하는 일본인이 겉멋을 부리느라 비즈니스의 본질을 잃어버린 것으로 보인다. 요즘 일본인은 미국의 비즈니스 스타일에 길들여져서 멋지고 세련된 이미지를 유지하기 위해 이미지가 깎이는 일은 아예 시작조차 하지 않는다. 그러면서도 미국에서는 좀처럼 찾아볼 수 없는 일본인 특유의 완벽주의를 고집해서 세계 수준의 속도를 따라잡지 못하고 있다.

완벽주의의 폐해가 가장 단적으로 드러나는 것이 스마트폰 업계다. 애플의 아이폰은 첫 발매 당시는 불완전성을 전제로 판매가 시작되었다. 당장은 다소 불완전하지만 추후 업데이트를 통해 점차 문제점을 개선해나가는 방식을 선택한 것이다. 이것은 일종의 '부탁 영업'이다. 고객에게 미리 문제점에 대해 양해를 구한 뒤 사줄 것을 부탁하는 방식인 것이다. 처음에는 불평하던 소비자들도 어느새 이런 방식에 익숙해져서 업데이트를 자연스럽게 받아들이고 있다.

반면 일본 회사들은 처음부터 제품을 완벽하게 만들어서 시장에 내놓으려고 하기 때문에 항상 한 발 늦어버린다. 겉멋을 부리느라 소중한 기회를 놓치고 있는 것이다.

'부탁 영업'을 하면 고객과 접촉할 기회가 늘어난다

비즈니스는 지속성을 전제로 하기 때문에 당장 이익이 되더라도 일회성 거래는 큰 의미가 없다. 고객과 오랫동안 지속적인 관계를 맺는 것이 더 중요하다. 이런 점에서 업데이트 판매 방식은 더 큰 장점이 있다. 완전한 제품을 팔고 고객과 관계를 끝내는 것보다 다소 불완전한 제품을 판매하고 사후 관리할 기회를 얻을 수 있기 때문이다.

아이폰의 오작동은 고객에게 빚을 진 것과 같다. 애플은 수시로 업데이트를 통해 빚을 갚아나가면서 고객과 지속적으로 소통하고 있는 것이다. 고객과의 지속적인 소통이 상향 판매나 교차 판매로도 이어진다는 것은 굳이 설명할 필요가 없을 것이다.

'부탁 영업'을 잘하면 자신이 파는 제품이나 서비스에 자신이 없어도 상관없다. 혹시 클레임이 생기더라도 문제를 확실하게 해결해줌으로써 오히려 고객의 신뢰를 얻을 수 있기 때문이다. 이 전략은 무능한 사람의 실수를 유능한 사람이 대신 사과함으로써 고객과의 관계를 더욱 돈독하게 만드는 방법과도 일맥상통한다. 이런 전략을 적절히 활용하면 더 큰 부가가치를 얻을 수 있다.

제품과 서비스에 절대적인 완벽함을 추구하는 시대는 지났다. 충실한 사후 관리로 반복 구매자를 늘려나가는 방식을 적극적으로 활용하는 것이 더 현명하다. 이런 방식은 제품을 판매한 뒤부터 새롭게 시작하는, 높은 수준의 '부탁 영업'이다.

'부탁합니다'라는 한마디가 고객에게 구매동기를 만들어준다

'부탁 영업'은 그 자체로도 매우 효과적인 마케팅 기술이다. 소비자는 제품을 사고 싶지만 억지로 설득당해서 사고 싶지는 않다는 심리를 갖고 있다. 이 심리를 이용해 설득하기보다 부탁하는 전략을 취하는 것이다.

영업자가 자기를 낮추고 제품을 사달라고 부탁하면 고객에게 구매동기를 만들어줄 수 있다. 즉, 고객의 입장에서는 상대가 이렇게까지 부탁하는데 안 살 수 없지, 하는 심리가 작동하는 것이다.

고객이 사고 싶어하는 것 같다면 가능한 한 빨리 결정할 수 있도록 유도해야 한다. 주저하는 동안 마음이 바뀔 수 있기 때문이다. 이때는 잠시 침묵을 지켰다가 진심을 담아서 분명한 목소리로 "부탁합니다" 하고 한 번만 말한다. 이렇게 함으로써 고객이 결심하도록 도와준다. 물론 진심이 담긴 목소리가 아니면 결단을 이끌어낼 수 없다. 여담이지만 내가 고객에게 "부탁합니다"라고 말하는 목소리는 최고로 멋지다는 평을 듣는다.

화교의 가르침 · 7
계약을 따내기 위해서 부탁하는 것은 전혀 부끄러운 일이 아니다. 부탁하지 않고 빈손으로 돌아오는 것이 훨씬 더 부끄러운 일이다.

납기와 일정을
조정하지 않는다

화교는 납기와 기한을 '직접적'으로 조정하지 않는다. 고국을 떠나 다른 나라에서 비즈니스를 하는 화교는 적을 만들지 않도록 늘 주의를 기울인다. 이들은 비즈니스 상대에게 호의적으로 대하는 것이 몸에 배어 있기 때문에 직접 압력을 가하는 말이나 행동은 결코 하지 않는다.

그러나 비즈니스의 생명을 속도라고 여기는 화교들이 상대에게 일정을 맡겨놓고 그저 기다릴 리 만무하다. 그럼 화교가 납기와 일정을 조정하고 싶을 때는 어떻게 할까?

경쟁을 유도해 거래처들이 각자 알아서 움직이는 상황을 만든다

화교는 어떤 비즈니스를 하든 한 업체만 거래하지 않고 두세 개의 거래처를 둔다. 업체간 견제와 경쟁을 적절히 유도하기 위해서다.

예를 들어, 유사 상품을 취급하는 회사 A, B, C와 거래하고 있는데, 이번에는 A사에 발주하기로 했다고 가정해보자. 납기가 촉박하여 상품을 발주할 때 언제까지 납품해달라고 미리 다짐을 받아두어야 할 상황이다. 이때 화교는 어떻게 할까?

이때 화교는 직접적으로 납기일을 맞춰달라고 말하지 않는다. 화교는 원래 교섭 따위는 하지 않는다. 대신 "우리 회사가 B사, C사와도 거래하고 있는 사실을 알고 계시지요?"라고 지나가는 말처럼 한 마디 덧붙인다.

A사에 상품을 발주하고 나서도 B사에 전화를 걸어 "이번에는 불가피하게 A사에 의뢰했습니다. 아시다시피 우리 회사는 일정이 늘 급해서요" 하고 가볍게 한마디 던진다. 그러면 B사는 분명히 다음 기회를 놓치지 말아야겠다고 판단하고 최단기로 납품할 수 있도록 대비할 것이다.

하지만 B사에서 별 움직임이 없는 듯하면 다시 C사에 전화를 걸어 같은 방법으로 말해둔다. 어느 쪽에든 '우리는 항상 일정이 급하다'라고만 할 뿐 당신 회사의 업무가 늦다는 식의 비판은 일체 입 밖에 내지 않는다.

그리고 A사와의 거래 결과가 만족스럽지 않으면 다음 발주는 B사나 C사에게 의뢰한다. 경쟁 회사에 거래를 뺏긴 A사는 당연히 긴장하고 원인을 모색할 것이다. 그러면 이쪽에서 굳이 납기가 늦어서라는 이유를 설명하지 않아도 다음번 미팅 때에 먼저 '언제까지 납품할 수 있다'라고 어필할 것이다. 즉, 경쟁 회사들이 각자 알아서 빨리 납품하는 상황이 만들어지는 셈이다.

이때 화교는 본능적으로 이득은 취하되 책임은 회피할 수 있는 방법을 사용한다. 이를 테면 이렇게 말하는 것이다.

"A사도 사정이 있어서 납기가 늦어졌을 테니 우리가 무리하게 요구할 수 없지요. 하지만 A사가 알아서 납기를 잘 맞춰준다면 우리로서는 무척 고마울 뿐입니다."

약간의 연기력을 발휘하면 비즈니스의 주도권을 쥘 수 있다

이처럼 거래처 사이의 경쟁을 유도해 이득을 취하는 방법은 나도 종종 사용한다. 비즈니스 미팅을 할 때 상대 회사와 경쟁관계인 회사의 담당자를 만났다는 이야기를 슬쩍 흘린다거나 가방 속 서류를 찾는 척하며 경쟁회사의 카탈로그를 슬쩍 내보이는 식이다. 상대방이 보았는지 확인하고 나서 카탈로그를 황급히 다시 가방에 넣으면 끝이다. 물론 이때 상대의 기분을 상하게 만들지 않아야 하므로 노골적인 태도를 취해서는 절대 안 된다. 다소 노련한 연기력이 필요하다.

경험상 이런 상황에서 대개 상대방은 경쟁 회사에 대해서는 아무 것도 묻지 않는다. 하지만 자신들이 해줄 수 있는 최대한의 조건을 제시함으로써 가능한 한 빨리 거래를 성사시키고 싶어한다. 거래를 뺏길 수 있는 불확실성을 없애려는 심리가 발동하는 것이다. 납기일이 촉박하거나 거래단가를 조정해야 할 경우에는 확실히 효과를 볼 수 있는 방법이다.

반대로, 우리 회사 쪽에서 납기가 늦어질 수 있는 불안요소를 갖고 있을 때에도 경쟁 회사의 존재를 이용할 수 있다.

예를 들어, 거래처와 상담 중에 넌지시 "얼마 전에 OO회사의 담당자 OO와 만나셨죠?" 하고 묻는다. 그리고 자신은 이미 경쟁 회사의 납기와 단가에 대해서도 잘 알고 있다고 선수를 친다. 이때 약간 허세를 부리는 말투를 사용하는 것이 효과적이다. 우리 회사가 이미 업계의 상황과 정보를 꿰고 있다고 상대에게 알려줌으로써 더 이상 다른 업체를 만나봤자 우리만 한 업체를 찾지 못할 테니 빨리 결정하라는 메시지를 보내는 것이다.

제품의 성능과 품질만으로 승부하기 어려운 요즘에는 정보와 속도가 더욱 중시된다. 이때 속도에는 결단의 속도도 포함된다. 상대도 계약을 위해 오랜 시간 고민하는 것을 원하지 않는다. 상대가 빨리 결단을 내려 시간을 절약하도록 유도한다면 결과적으로 양쪽 모두에게 이득이 된다.

이때는 확신에 찬 말투로 자신감을 내보여서 상대가 안심하고 결정할 수 있도록 유도해야 한다. 상대가 수긍하여 결정하고 나면 납기가 좀 늦어지더라도 큰 문제가 되지 않는다.

화교의 가르침 · 8

경쟁 회사의 존재를 잘 활용하면 비즈니스의 주도권을 쥘 수 있다. 이때는 약간의 연기력이 필요하다.

장사의 기본은
사막에서 물을 파는 것

화교가 세계 어느 나라에 진출하든 손쉽게 성공과 부를 거머쥐는 비밀은 무엇일까?

화교는 '이럴 때는 이렇게 해야 한다'라는 고정관념이 없다. 오직 '어떻게 하면 해낼 수 있을까?'라는 과제에만 집중한다. 그리고 전력을 다한다. 비즈니스를 할 때도 마찬가지다. 화교는 정해진 틀이나 원칙에 사로잡히지 않고 완전히 개방적으로 생각한다. 이들은 유연한 사고의 달인이다!

따라서 화교에게는 팔지 못하는 상품이 없다. 그들은 팔고자 하는 상품의 가치가 얼마인지는 따지지 않는다. 어떤 사람에게는 아무 가치 없는 상품도 다른 사람에게는 꼭 필요한 상품이 될 수 있기 때문이다. 더 나아가 화교는 별 볼일 없는 물건이라도 꼭 사고 싶은 매력적인 상품으로 만들어내는 능력이 있다.

장소와 관점을 바꾸면 싼 물건도 비싸게 팔 수 있다

화교 스승은 비즈니스 컨설팅 회사와 종합상사 등 여러 개의 회사를 경영하고 있다. 그럼에도 불구하고 수요자가 원하는 것을 찾아서 직접 판매하는 단순한 형태의 비즈니스를 특히 좋아한다.

스승에게는 화교 네트워크를 통해서 중국으로부터 다양한 주문이 들어온다. 어느 날 지인을 통해 아오모리(靑森)산 명품 사과를 구해달라는 주문이 들어왔다. 나는 스승의 지시에 따라 아오모리산 사과를 가능한 한 많이 구입해 고급 나무상자에 포장했다. 명품 사과라고는 해도 일본에서 한 개당 2천 원 안팎이었는데, 이 사과 여섯 개를 고급 오동나무 상자에 담자 중국에서 6만 원에 팔렸다. 사과 판매를 통해 최종적으로 얼마를 벌어들였는지 알게 되었을 때에는 나는 다시 한번 스승의 능력의 감탄했다.

그 밖에도 일본 술이나 소주, 혹은 흔히 구할 수 있는 일본 전통과자를 대량으로 구매하고 싶다는 주문들도 있었다. 그때마다 스승은 단지 고급스럽게 포장하는 것만으로도 모든 품목에서 상당한 수익을 올렸다.

아오모리산 사과나 일본 전통과자는 일본에서는 무척 흔하지만 중국으로 가면 비싼 값이 붙는다. 중국에서는 쉽게 구할 수 없기 때문이다. 이처럼 똑같은 상품이라도 장소를 바꾸면 수요와 공급의 균형이 바뀐다. 따라서 수요를 제대로 읽기만 한다면 손쉽게 돈을 벌 수 있다!

단순한 장사는 실행에 옮기는 자가 이긴다

장소와 관점을 바꾸면 주변에 넘쳐나는 흔한 물건도 비싸게 팔 수 있다. 스승은 이 법칙을 '사막에서 물을 파는 전법'이라고 불렀다. 언뜻 들으면 특별할 것이 없는 말이다. 아니, 너무 당연한 말이다. 사막에서 물이 잘 팔리는 것은 너무 당연하지 않은가!

비즈니스도 마찬가지다. 어렵게 생각할 필요가 전혀 없다. 원하는 사람에게 원하는 물건을 팔면 비싼 값을 받을 수 있다. 장사란 원래 이처럼 아주 단순하다. 다만, 우리가 그 본질을 자주 잊어버리는 것이 문제다.

말이 나온 김에 물을 파는 사업에 대해 생각해보자. 물이 꼭 필요한 사막은 머나먼 중앙아시아나 아프리카에만 있는 것이 아니다. 이웃인 중국도 물이 귀한 사막이 될 가능성이 아주 높다.

일부 지역에서는 가정의 상수도에서도 오염된 물이 나올 정도로 중국의 수질오염 문제가 매우 심각하다는 사실이 이미 잘 알려져 있다. 따라서 중국에서 안전한 물에 대한 수요는 분명 급증할 것으로 예측된다. 특히 부유층은 고급 생수를 사 마시기를 원한다. 부유층을 상대로 한다면 부가가치가 높으면 높을수록 더 잘 팔릴 테니 기회가 무궁무진하다.

기회를 잡기 위해 가장 중요한 것은 실행력이다. 중국의 수질오염에 관한 뉴스를 들었을 때 앞으로 중국에서 물이 잘 팔릴 것을 예측하는 것까지는 누구나 할 수 있다. 하지만 직접 현지를 방문해 실태와 사업 가능성을 확인하는 사람은 극소수다. 이 극소수의 사람이 성공의 기회를 잡는 것이다. 사업 수완이 탁월한 화교들은 이러한 상황에서 좀처럼 지체하는 법이 없다. 이미 많은 화교들이 중국의 생수 시장에 뛰어들기 위해 준비하고 있다.

그들의 방법은 전혀 특별할 것이 없다. 까다로운 계산이나 프레임워크 따위도 필요 없다. 단지 기회라는 판단이 들면 즉석에서 실행에 옮길 뿐이다. 물건을 파는 장사처럼 단순한 비즈니스에서는 가장 빨리 실행에 옮긴 자가 이긴다!

중국에서 생수 시장이 형성되려면 좀 더 시간이 걸릴 것이다. 몇 년이 걸릴지, 얼마나 이익을 낼 수 있을지 정확히 예측하기는 쉽지 않지만 화교는 이미 한발 앞서 이 사업에 착수해서 시장 선점을 노리고 있다.

요컨대 화교는 물건을 사고파는 일에서만큼은 추종을 불허할 만큼 적극적이고 신속하다. 하지만 그것이 특별한 기술이나 재능이 있어야 할 수 있는 종류의 일은 아니다. 화교는 오직 이익 창출이라는 단순한 목표에만 집중한다. 이들은 이익이 된다고 판단되면 지체 없이 움직인다. 그리고 아직 아무도 시장의 뛰어들지 않은 상황, 어떤 경쟁상대도 없는 상황에서 손쉽게 시장을 선점한다! 이것이 세계 어느 나라에서든 성공과 부를 거머쥐는 화교 상술의 비밀이다.

화교의 가르침 · 9

원하는 사람에게 원하는 물건을 팔면 비싼 값을 받을 수 있다. 기회가 생겼을 때 빨리 뛰어들면 시장을 선점할 수 있다. 장사란 원래 이처럼 아주 단순하다. 우리가 이 본질을 자주 잊어버리는 것이 문제다.

이익 계산을
철저하게 한다

"이 일을 하면 얼마를 벌게 되는가?"

화교는 어떤 일을 하든 이 질문에서 출발한다. 무의미한 일은 하지 않는 화교들은 비즈니스를 시작하기 전에 철저하게 이익을 따져본 후 비로소 본격적으로 뛰어든다.

화교가 말하는 이익은 반드시 순익을 뜻한다. 그들은 경상이익에는 관심이 없다. 내가 화교 스승에게 일을 배울 때 가장 먼저 배운 것도 경비를 계산하는 방법이다. 화교는 비즈니스를 할 때 예상되는 모든 경비, 즉 거래가 성사되기까지 발생하는 경비를 하나도 빼놓지 않고 더한다. 매입 대금을 비롯해 전표 발행 비용, 송금 수수료, 포장 및 발송비, 교통비, 전화요금은 물론이고 사무실의 임대료와 광열비, 사무 및 경리 인건비까지 어느 하나 빼놓지 않는다.

또한 화교 스승은 시간도 계산에 넣는다. 그 일에 시간을 쏟는 동안에는 다른 일을 할 수 없으니 시간도 경비와 같기 때문이다. 그리고 그 모든 것을 뺀 이익이 얼마가 될지 계산한다.

관리자급이 되려면 손익에 대한 개념이 분명히 서야 한다

앞에서 내가 중국 B급 의류상품을 수입해 판매했을 때 적자를 본 경험담을 소개했다. 당시 나는 손익 계산을 철저하게 하지 못했기 때문에 애써 일을 하고도 결과적으로 손해를 볼 수밖에 없었다. 당연한 결과였다. 이론상으로 이해하는 것과 실제로 해보는 것은 큰 차이가 있다. 때문에 당시 사업 경험이 부족한 내 수준으로는 실패를 통해 손익 개념을 배울 수밖에 없었다. 당시 뼈아픈 실패를 경험할 수 있도록 기회를 준 스승에게 고마울 따름이다.

나는 스승의 제자로 들어갈 때 월급은 필요 없으니 일하는 법을 배우게만 해달라고 자청했다. 따라서 월급은 받지 못했지만 대신 스승은 내가 일하는 동안 얻은 이익의 일부를 보수로 주었다. 시간이 지나자 차츰 나는 스스로 목표금액을 정하고 일을 추진하기 시작했다. '이번 달 보수는 ○○정도는 받고 싶으니, 최소한 ○○만큼의 이익을 올려야겠다' 하고 생각하게 된 것이다.

많은 회사원들이 매출목표는 세우면서 순익에는 무지한 경우가 많다. 나도 회사원 시절에는 단순히 매출을 늘리는 데만 집중했다. 하지만 직급이 올라가고 관리자급에 들어서면 매출보다 순익에 대한 관리가 더욱 중요해진다.

자신의 매출 순익을 계산하기 위해서는 화교들이 하는 것처럼 각종 경비는 물론이고 자신의 인건비와 회사가 부담하는 보험료와 연금까지 포함해야 한다. 이런 습관을 갖게 되면 한층 거시적인 안목에서 일할 수 있고 자신의 사업을 할 때도 큰 도움이 된다.

화교의 가르침 · 10
이익을 따질 때는 반드시 순익을 계산해야 한다. 순익 개념이 분명하지 않으면 열심히 일하고도 결과적으로 손해 보는 상황이 생긴다.

업무 평가의 기준은
오직 이익

순익을 정확히 계산하더라도 정작 이익을 내는 방법을 모르면 목표를 달성할 수 없다. 많은 사람들이 화교는 최고의 상술을 갖고 있으니 높은 이득을 올리는 특별한 방법론을 갖고 있을 것이라고 생각한다. 그런데 화교는 '방법'에 대해서는 전혀 개의치 않는다!

이익을 낸다는 목적만 달성된다면, 화교는 논리 정연한 컨설팅 영업도 잘하고 무릎을 꿇는 '부탁 영업'도 기꺼이 한다. 화교들은 더 많은 이익을 내는 자가 더 뛰어나고, 더 많은 이익을 내는 방법이 가장 좋은 방법이라고 생각한다. 반대로 어떤 특별한 방법이나 기술을 사용하더라도 결과적으로 이익을 내지 못하면 평가할 가치조차 없다고 생각한다.

어느 날 화교 스승이 아르바이트 직원인 중국인 유학생 몇 명과 내게 이렇게 지시했다.

"중국산 양말을 잔뜩 들여왔으니 거리에 나가서 팔아오게."

그 순간부터 우리는 리어카를 끄는 노점상이 되었다. 스승이 시킨 과제는 지나가는 행인들에게 양말을 파는, 장사의 기본 중의 기본인 가장 단순한 방식이었다.

나는 이미 수년간 영업을 해왔고 근무한 회사마다 우수한 영업실적을 달성했음에도 불구하고 이 단순한 방식의 장사에서 중국인 유학생들에게 완패했다. 그 전까지만 해도 영업이라면 누구에게도 뒤지지 않는다고 자부하고 있었기에 이 사실이 내게는 엄청난 충격이었다.

유감스럽게도 나는 거리에서 물건을 파는 감각이 전혀 없었고, 중국인 유학생들은 상당한 재능을 갖고 있었다. 그들은 중국의 노점상들이 하는 것처럼, 지나가는 사람들에게 거리낌 없이 다가가 옷자락을 붙잡고 매달려 물건을 소개했다. 어찌나 말솜씨가 뛰어난지 설명을 듣는 사람이 양말을 안 사고는 못 배기도록 자연스러운 분위기를 연출했다.

반면 나는 사무실에서 거래처 사람과 일대일로 영업하던 방식에 익숙했기 때문에 좀처럼 사람들에게 다가가지 못했다. 또한 스스로 우수한 영업사원이었다는 의식 때문에 중국인 유학생들처럼 자존심을 버리고 사람들에게 사달라고 부탁하지 못했다. 그 결과 내 판매실적이 가장 저조했고, 당연히 나에 대한 스승의 평점은 뚝 떨어졌다.

자신에게 가장 적합한 방식을 고르면 이익이 가장 늘어난다

며칠 간의 고민 끝에 나는 실패를 만회하기 위해 방식을 바꾸기로 했다. 그동안 나는 주로 기업을 대상으로 영업을 해왔으니 양말을 파는 것도 개인이 아니라 기업을 상대해보기로 한 것이다. 내 전문 분야를 선택하면 분명 좋은 실적을 낼 것이라고 생각했다.

나는 이왕이면 대기업에 접촉하기로 하고 의류 도매 상장기업을 타깃으로 삼았다. 새로운 판로를 뚫는 것은 다른 직원들이 쉽게 시도하지 못할뿐더러 상대가 일본 상장기업이라면 일본인인 내가 가장 적임자라고 판단했다. 나는 대기업 담당자들을 상대하는 주특기를 발휘해 의류 상장기업과 거래를 트기 시작했다. 큰 규모의 거래였기 때문에 이익이 상당했고 순식간에 내 실적이 중국인 유학생들을 추월했다. 또한 일회성 거래가 아니라 지속적인 비즈니스로 연결되었기 때문에 리어카 노점상 과제에서는 최하였던 내 평점도 급상승했다.

이후 내가 개척한 거래처는 회사의 화교 담당자가 맡아 운영하게 되었고, 회사에 지속적인 이익을 가져다주는 주요 사업 분야로 자리 잡았다.

자랑을 늘어놓는 것 같아 멋쩍지만, 이처럼 비즈니스에서 이익을 내는 방법은 여러 가지다. 한 가지 방식에 연연하지 말고 유연한 사고로 자신에게 가장 적합한 방식, 경쟁력 있는 분야를 찾아보면 분명 길이 열리게 되어 있다.

배경을 이용하면 이익 창출을 위한 단면도 커진다

앞서 내가 일본인이서 일본 기업과 거래를 틀 수 있었다고 했다. 하지만 실제로 상장기업들은 아무리 영업을 잘해도 개인을 거의 상대해 주지 않는다. 내가 노점상에 머물지 않고 상장기업을 상대로 지속적인 비즈니스를 할 수 있었던 것은 화교 스승이라는 배경을 활용했기 때문이다. 화교 스승이 운영하는 수십 개의 사업체와 성과, 매출액 등을 적극적으로 어필했기 때문에 상대 상장기업도 나와 거래를 터준 것이다.

이처럼 배경을 잘 이용하면 이익 창출을 위한 단면을 넓힐 수 있다. 회사원들도 마찬가지다. 회사원들은 자신이 다니는 회사의 이름을 내세울 수 있고 회사의 경비도 사용할 수 있으니 이를 적극적으로 이용해야 한다. 자신의 회사가 대기업이 아니라 내세울 것이 없다고 소극적인 태도를 취한다면 항상 그 자리에 머물게 된다.

대기업을 나와서 개인 사업을 시작하고 난 뒤에야 명함의 위력을 깨닫게 되었다고 말하는 사람들이 있다. 그런 사람들은 회사원 시절에도 분명 고만고만한 수준에 머물렀을 것이다.

정말 유능한 사람들은 자신이 다니는 회사의 규모와 이름값에 상관없이 회사를 잘 이용해 성과를 내고, 자신의 명성을 얻는다. 이들은 '회사 사용법'을 잘 알고 있는 사람이다. 특히 자신의 사업을 꿈꾸는 사람이라면 회사를 다닐 때 가능한 한 큰 이익을 내서 이름을 떨쳐야 한다. 회사라는 배경을 최대한 이용하면서 자신에게 가장 적합한 방식을 모색해야 독립해서도 성공적으로 자리 잡을 수 있다.

프로세스는 중요하면서도
중요하지 않다

화교는 결과적으로 이익을 내면 이겼다고 생각하고, 이익을 내지 못하면 졌다고 생각한다. 이들은 어떻게 이익을 냈는지 그 방법에 대해서는 따지지 않는다. 그렇다면 화교는 이익을 내는 프로세스도 중요하게 여기지 않을까? 프로세스란 목적에 이르는 과정과 수단을 말한다.

앞에서 소개한 양말 노점상 일화를 통해 화교의 사고방식을 더 자세히 설명해보겠다. 이번에는 내 영업성과에 대한 자랑이 아닌, 다소 한심한 경험담이다.

내가 상장기업과 거래를 시작하기 전에 중국인 유학생들과 함께 노점상으로 분투하던 어느 날의 일이다. 스승이 우리를 불러 이렇게 조언했다.

"물건을 팔 때는 스토리가 있어야 하네. 자네들은 지금부터 부도난 회사의 직원이야. 그러니 모두 양복을 차려입게."

양복 차림의 남자들이 거리에서 양말을 팔고 있으면 사람들은 무슨 생각을 할까? 대부분의 사람들은 그들을 단순한 장사꾼이 아니라 도산한 기업의 사원이라고 볼 것이다. 회사가 도산해서 어떻게든 재고를 처분하기 위해 직원들이 직접 거리로 나온 것이라고 말이다. 따라서 우리가 파는 싸구려 양말도 전문 기업의 브랜드 제품으로 여겨질 테고, 더불어 동정심도 유발해서 더 잘 팔릴 것이라는 줄거리다. 과연 스승다운 발상이라며 우리 모두는 감탄했고 결과를 기대하며 양복 차림으로 거리로 나섰다.

이론상 올바른 프로세스도 만능은 아니다

그런데 실전에서 예상하지 못한 일이 일어났다. 나와 중국인 유학생들을 대하는 손님들의 반응이 전혀 달랐던 것이다. 나는 스승의 의도대로 사람들로부터 종종 "아이고, 회사가 망했어요? 정말 안됐네요"라는 위로를 받았다. 그러나 내게 양말을 사는 사람은 많지 않았다. 반면 젊은 중국인 유학생들에게는 "장사가 제대로 자리를 잡았네요, 열심히 하세요"라는 응원이 쏟아졌고 양말도 많이 판매되었다.

이론상으로는 내가 훨씬 잘 팔아야 하는데 결과는 정반대였다. 유학생들은 1인당 하루에 50만 원씩 양말을 팔아서 양복을 입기 전의 약 두 배의 매출을 올린 데 반해, 나는 겨우 이삼만 원치를 팔아서 양복을 입기 전보다도 매출이 큰 폭으로 줄어들었다.

원인은 내 이미지 때문이었다. 나는 차갑고 강한 인상인데 거기다 양복까지 갖춰 입으니 손님들이 좀처럼 다가오기가 힘들었던 것이다. 아무리 미소 짓는 표정으로 연기를 해도 손님의 발길은 멀어질 뿐이었다. 반면 중국인 유학생들은 학생 특유의 어수룩한 이미지를 양복이 보완해주어 신뢰감을 느끼게 해주었고 그 결과 판매가 더욱 잘 되었던 것이다.

이처럼 동일한 상황에서 동일한 프로세스를 밟아도 사람마다 지닌 개성과 적성에 따라 성공할 수도 있고 오히려 실패할 수도 있다. 목표는 이익을 내는 것이다. 만일 의도한 프로세스가 자신에게 맞지 않으면 굳이 고집하지 말고 당장 다른 방식을 찾는 것이 현명하다.

'목적의 목적'을 탐구하면 효과적인 프로세스가 보인다

그렇다고 프로세스를 전혀 고려하지 않아도 된다는 것은 아니다. 적합한 프로세스를 알아내는 것은 판매 성공에 직결되므로 매우 중요하다. 화교는 프로세스를 알아내기 위해 어떤 질문을 던져야 할지 본능적으로 알고 있다.

예를 들어, 젊은 여성에게 옷을 파는 프로세스를 생각해보자. 당신은 이십대 여성 직장인을 타깃으로 하는 옷가게의 판매원이다. 한 여성이 옷을 살지 말지 망설이고 있다. 당신은 그녀에게 어떤 질문을 던질 것인가? 대부분의 사람은 "어떤 옷을 찾으세요?" 혹은 "어떤 분위기를 원하세요?"라고 묻는다.

이때 화교는 "어디에서 입을 옷을 찾고 계세요?"라고 묻는다. 옷을 사는 목적과 동기를 살피는 것이다. 손님이 소개팅에 입고 나갈 옷을 찾는다고 대답한다면 그녀는 현재 남자친구가 없고 남자친구를 사귀기 위해 노력하고 있다는 뜻이다. 그렇다면 다음과 같은 프로세스로 접근한다.

"아, 제 후배 중에 손님 또래의 남자들이 많은데, 그들이 좋아하는 취향을 잘 알고 있어요. 제가 추천해드릴게요. 바로 이 옷이 안성맞춤입니다."

고객이 옷을 사는 목적이 무엇인가? 옷을 사서 얻으려는 이득이 무엇인가? 옷을 사려는 목적과 욕구를 알아내면 어떤 식으로 판매해야 할지 프로세스가 자연히 보이게 된다.

화교의 가르침 · 12

한 가지 프로세스를 고집하지 말고 자신의 개성과 적성에 맞는 프로세스를 찾아라. 적합한 프로세스를 찾으면 판매는 보장된다.

이익은
눈앞의 돈뿐만이 아니다

"일본인은 돈, 돈, 돈밖에 보지 않는다!"

화교들은 자주 이런 말을 한다. 정작 돈이라면 수단과 방법을 가리지 않는 화교가 이런 말을 하다니 의아할 것이다. 이 말은 일본인이 '눈앞의 돈'에 너무 집착하기 때문에 더 큰 기회를 놓친다는 뜻이다. 즉, 일본인은 당장 눈앞의 돈만 보기 때문에 고객을 제대로 판단하지 못하고 비즈니스 기회를 지속적으로 이어가지 못한다는 것이다.

사람의 가치는 당사자만 보아서는 알 수 없다

지금 상당한 돈을 갖고 있는 사람과 수중에 돈은 없지만 돈을 벌 수 있는 중요한 정보를 파악하고 있는 사람, 둘 중 누구와 사귀는 것이 장기적으로 더 이득이 될까?

이를 마케팅 이론에서 말하는 '고객 생애가치'의 개념으로 생각해 볼 수 있다. 화교는 사람의 가치를 판단할 때 당사자뿐만 아니라 그의 인맥도 가치에 포함시킨다. 화교의 기준에 따르면 친구가 네 명인 사람은 그 네 명과 당사자를 포함해 총 다섯 명의 가치를 가지고 있는 것이다. 물론 친구뿐만 아니라 가족, 친지, 지인들도 그 사람의 가치에 포함된다.

당사자는 평범한 배경을 가졌지만 그의 죽마고우가 유명한 변호사가 되었다든지, 친한 동료가 떠오르는 IT 기업의 사장으로 성공했다든지, 가까운 친인척이 국세청에서 중요한 자리를 차지하고 있다든지 하는 깜짝 놀랄 만한 인맥을 지니고 있을 가능성도 얼마든지 있다.

나 또한 공개되어 있는 프로필만으로 추측할 수 있는 인맥은 극히 일부에 지나지 않는다. 그 프로필만 보고 나를 알고 있다고 여기는 사람과 실제로 내 인맥을 잘 아는 사람 중 어느 쪽이 더 이득일까? 당연히 후자가 이득이다. 내 인맥을 속속들이 알고 있을수록 내게 부탁할 수 있는 일도 많아질 것이다.

특히, 나의 화려한 화교 인맥을 이용하고 싶다면 나의 프로필만 보아서는 안 된다. 이 점이 중요하다. 일본인은 당사자 한 사람만을 보고 판단하려고 하기 때문에 그 사람의 가치를 제대로 보지 못한다.

상대의 가치를 알기 위한 가장 빠르고 확실한 방법은 직접 물어보는 것이다.

"휴일에는 주로 무엇을 하세요?"라며 잡담으로 시작해도 좋고 "지금 OO의 건으로 상황이 어려운데 혹시 그 방면의 전문가를 알고 계신가요?" 하고 직접적으로 도움을 구해도 좋다. 일단 무슨 이야기든지 화제를 이어나가면서 상대의 인맥을 확인해보는 것이다. 이런 정보를 통해 상대와 관계를 맺을지, 지속적으로 이어나갈지 등을 판단할 수 있다. 지금 당장 상대가 돈이 있는지, 나에게 이득을 주는지보다 장래에 그럴 가능성이 있는지가 더 중요하다.

일의 보수는 일로 받는 것이 가장 좋다

돈 거래만 하는 관계는 한 번으로 끝나는 경우가 대부분이다. 이익을 돈으로 취하는 데 집착하면 다음 단계로 이어지지 않는다. 그렇다면 관계를 지속하면서 이익을 얻는 방법은 무엇일까? 바로 일을 통해 관계를 맺는 것이다. 일의 보수는 일로 받는 것이 가장 좋다. 즉, 지속적인 거래관계를 통해 이득을 얻는 방식을 말한다.

예를 들어, 한 번 자신의 제품을 구매한 고객은 나중에 소모품도 구매할 것이고, 사후 서비스를 이용하거나 신제품을 구매하는 등 장기에 걸쳐서 관계를 맺게 될 것이다. 그래서 일부 회사들은 제품을 다량으로 구매하는 고객에게는 "최대한 싸게 해드릴 테니 다음에 또 이용해주세요" 하며 초기 이익을 최소화하기도 한다. 화교들은 여기서 더 나아가 적자를 감수하면서까지 고객에게 이득과 신뢰를 주어 지속적인 관계를 맺어두기도 한다.

물론 고객 중에는 처음에 맛본 금전적인 이득만 생각하고 이후에도 계속 같은 조건을 요구하는 사람도 있다. 이때도 화교는 자신이 먼저 관계를 끊지는 않는다. 다만 그 고객은 자연히 우선순위에서 멀어지게 된다. 화교는 눈앞의 작은 이익에만 집착하는 사람이나 조직은 크게 성장하지 못한다고 생각해서 가까이 하지 않는다.

사업을 성장시키기 위해서는 비즈니스의 연속성을 유지하도록 지속적인 거래관계를 이어가면서 레버리지 효과를 거두는 것이 중요하다. 이것은 경영자에게만 한정되지 않고 일하는 사람 누구에게나 해당하는 기본 법칙이다. 일의 보수를 돈으로만 환산하는 의식에서 벗어나지 못하는 사람은 시급으로 일하는 아르바이트 직원과 다를 바 없다. 그는 언제까지나 지속적인 수익을 얻지 못하고 눈앞의 이익만 좇는 삶에서 벗어날 수 없다.

화교의 가르침 · 13

눈앞의 작은 이익에만 집착하는 사람이나 조직은 성장하지 못한다. 지속적인 이익을 얻기 위해서는 지속적인 관계를 맺어야 한다. 이를 위해 초기에는 손해를 감수하는 전략을 취할 줄도 알아야 한다.

항상 두 가지
판단기준을 세운다

"우리의 삶 중에 비즈니스가 아닌 것이 없다. 따라서 비즈니스를 잘하려면 넓은 시야로 바라보아야 한다."

이는 화교 비즈니스의 핵심을 표현하는 말이다. 하지만 삶 전체를 조망하는 넓은 '시야'뿐만 아니라 일상의 사소한 것을 놓치지 않는 좋은 '시력'도 중요하다고, 화교들은 말한다.

화교 스승은 비즈니스에는 두 개의 잣대가 필요하다고 강조했다. 하나는 현재를 판단하는 짧은 잣대고, 다른 하나는 미래를 측량하는 긴 잣대다.

흔히 큰 목표를 이루려면 사소한 것에 연연하지 않아야 한다고 말한다. 또한 미래의 꿈을 이루려면 현재의 실패를 두려워하지 말고 앞으로 나아가야 한다고 말한다. 하지만 화교는 미래의 목표와 현재의 과제, 양쪽 모두를 중요하게 여긴다. 짧은 잣대를 더하면 긴 잣대가 되기 때문에, 단 하나의 승부도 소홀히 여겨서는 안 된다는 것이다.

물론 작은 승부 하나하나에 너무 신경 쓰다 보면 긴 잣대를 잊어버리기 쉽다. 반대로 큰 목표만 추구하다 보면 기초를 탄탄히 다지지 못해 목표를 이루기 전에 쓰러지게 된다. 따라서 화교들은 한쪽 눈으로는 현재를 바라보고, 다른 한쪽 눈으로는 미래를 내다보아야 한다고 말한다. 과정과 목표, 현재와 미래를 균형 있게 바라보고 어느 하나 소홀히 하지 말라는 것이다.

화교의 가르침은 모순인 듯 보여도 모순이 아니다

화교의 사고방식이나 행동은 때때로 모순적인 것처럼 보인다. 이는 화교가 어떤 일이든 두 개의 잣대로 바라보기 때문이다. 화교는 절대적인 정의나 기준은 존재하지 않는다고 생각한다. 그들은 이득이 된다면 성질이 상반되는 두 가지 일을 동시에 할 수 있고, 상황에 따라서는 자신의 결정을 아무렇지 않게 번복하곤 한다. 이런 유연한 사고방식이 다른 사람들에게는 모순적인 것처럼 비춰지는 것이다.

최선을 다하는 것과 힘을 빼는 것, 체면주의와 현실주의, 상냥함과 강인함, 소심함과 배짱, 집착과 무심함. 화교는 이런 상반된 성질을 동시에 갖고 있다. 그리고 때에 따라 이 중 한쪽을 선택하고 다른 한

쪽을 과감히 버린다. 넓은 시야가 필요한 일과 좋은 시력이 필요한 일이 따로 있다는 것을 잘 알기 때문이다.

화교의 가르침은 오직 인간을 이해하는 것에서 시작된다. 따라서 수단과 방법은 얼마든지 달라질 수 있다. 이 기준에 따르면 모순적인 것이 없다. 선입견 없이 받아들이고자 하면 무한한 가르침을 얻을 수 있지만, 고정관념에 사로잡혀 있으면 화교의 진정한 가치를 이해하기란 불가능하다.

인간관계는 한쪽 눈을 감는 것이 딱 좋다

부부관계가 원만하려면 한쪽 눈을 감아야 한다는 말이 있다. 한쪽 눈을 감는다는 것은 무슨 뜻일까? 내 기준만 옳다고 주장하지 않고 상대의 생각과 가치판단도 인정하고 받아들이는 것을 뜻한다. 비즈니스를 할 때도 마찬가지다. 비즈니스를 하다 보면 다양한 인간관계를 맺게 되는데, 이때 꼭 필요한 기술이 한쪽 눈을 감는 것이다.

양쪽 눈을 모두 뜨고 있어도 스트레스를 느끼지 않는 상대는 대개 자신과 가치관이 동일한 사람이다. 가치관이 같은 사람은 함께 있어도 마음이 편안하다.

경영자와 직원이 가치관을 공유하는 회사는 인간관계도 순조롭고 갈등이 일어날 소지도 적다. 그러나 이런 회사에서 만약 경영자가 판단을 그르치면 어떻게 될까?

나머지 직원들도 모두 아무런 의심 없이 잘못된 방향으로 따라갈 것이고 중간에 방향을 되돌릴 가능성도 거의 없다. 결국 이런 회사는 심각한 위험에 직면할 가능성이 크다. 가치관이 동일한 집단은 갈등이 적다는 장점이 있지만 혹시 일어날지도 모르는 실패에 대한 대비책이 없다.

반면 제각기 다른 가치관을 지닌 집단은 직원들이 경영자의 지시를 곧이곧대로 듣지 않기 때문에 화합이 잘 되지 않고 시너지 효과를 내기가 어렵다. 하지만 경영자가 틀린 결정을 하면 곧바로 두 번째, 세 번째 대책을 세울 수 있어 결정적인 실패는 피할 수 있다. 위기관리의 측면에서 보면 가치관이 다른 집단이 유리하다.

화교는 한쪽 눈을 감고 볼 때 딱 좋은 인재, 즉 조직과 어느 정도 가치관이 다른 인재를 환영한다. 이들은 직원이 "저는 사장님과는 다른 방식으로 일해보고 싶습니다" 하고 말하면 기꺼이 기회를 주고 북돋워준다. 또한 회사의 큰 방향은 정해두지만 구체적인 매뉴얼은 정해두지 않는다. 직원들이 모두 같은 방향을 향해 가는 것은 중요하지만 한 점으로 좁혀지는 것은 위험하기 때문이다.

비즈니스를 할 때는 현재와 미래, 과정과 목표, 넓은 시야와 좋은 시력을 균형 있게 유지할 것! 인간관계에서는 한쪽 눈을 감고 가치관이 다른 상대를 포용할 것! 일을 대할 때는 최선을 다하면서 동시에 온몸의 힘을 뺄 것!

이 조언들은 언뜻 들으면 복잡하게 느껴지지만 익숙해지면 별것

아니다. 이런 방식에 익숙해지면 모순투성인 것처럼 보이는 화교의
가르침이 사실은 무척 합리적이라는 것을 깨닫게 될 것이다.

화교의 가르침 · 14
비즈니스나 인간관계에서 절대적인 정의나 기준은 존재하지 않는다. 인간을
이해하는 것이 중요할 뿐 수단과 방법은 얼마든지 달라질 수 있다.

잠깐!
화교는 왜 해외로 진출하는가?

화교란 누구인가? 흔히 화교는 비즈니스의 기회를 찾아서 자신의 나라를 떠나 해외에 진출한 중국인들을 말한다. 현지에 귀화한 사람을 화교와 구별해야 한다는 의견도 있지만 화교의 상술을 설명할 때는 그런 구별이 큰 의미가 없다.

중요한 것은 화교 고유의 문화와 상술을 따르고 있느냐 하는 점이다. 현지에서 태어난 2세, 3세라도 화교 문화와 규율을 존중하고 있다면 화교이고, 현지의 교육과 가치관에 물들어 있으면 화교와는 거리가 멀다. 이는 어디까지나 내 개인적인 견해다.

화교가 해외에 진출하는 주된 배경에는 중국이 직면하고 있는 세 가지 문제가 있다.

1. 경쟁률 문제
13억이 넘는 인구를 끌어안고 있는 중국은 인구수가 많은 만큼 인재의 숫자도 많아서, 특히 도시 지역에서는 어릴 때부터 치열한 경쟁에 시달린다. 그 때문에 엄청난 교육비를 들여 최고 명문인 베이징대학이나 칭화대학을 졸업해도 일류기업에 취직하기가 결코 쉽지 않다.

또한 개혁개방 정책에 따라 시장경제로 이행한 뒤 경제발전을 이루는 과정에서 민간과 외국자본 기업이 상당수 늘어났지만 구직자의 인기는 변함없이 국유기업에 집중되어 있다. 때문에 뇌물과 커넥션이 효력을 발휘하는 경우가 다반사다. 그 결과 피나는 노력으로 화려한 스펙을 쌓아도 중국 내에서는 그 가치에 합당한 일을 얻지 못하는 사람이 많다.

2. 정치 문제

인치국가(人治國家)인 중국에서는 쿠데타에 의해 사회규범이 송두리째 뒤집히는 일이 드물지 않다. 문화대혁명으로 대표되듯이 자산가 계급과 엘리트 계급이 하룻밤 사이에 최하층으로 전락하는 일도 비일비재하게 일어난다. 따라서 언제든 기득권을 잃어버릴 수 있고, 자칫 목숨마저 빼앗길지 모른다는 공포가 상존한다. 이 때문에 부유층은 만약의 경우에 대비해서 자녀들을 외국으로 보내거나 재산을 해외로 빼돌리기도 한다.

물론, 단지 위험을 피하기 위해서가 아니라 적극적인 자신의 의지로 해외에 진출하는 사람들도 많다. 정치 상황에 좌지우지되는 삶을 거부하고 바깥 세계에서 더 큰 기회를 잡기 위해 떠나는 것이다.

3. 토지 소유 문제

중국에서는 토지 소유권이 국가소유권(전체 인민 소유권)과 집체소유권(농민단체 소유권)의 두 종류만 존재한다. 즉, 돈이 있어도 국내에서는 토지를 소유할 수 없다. 하지만 외국으로 나가면 영주권이 없어도 토지를 소유할 수 있다.

최근 수년 동안 중국인들은 세계 곳곳에 수많은 토지를 구입했다. 화교가 부동산을 사는 이유는 대부분 비즈니스 목적, 즉 시세차익이나 임대수익을 거두기 위해서다. 이들은 내국인보다 오히려 그 나라의 세금과 금융 지식에 밝고 그 밖의 제도도 효과적으로 이용하곤 한다.

2장

인간의 심리를
이용하는 소통의 기술

큰 소리를
내지 않는다

화교가 상대에게 먼저 싸움을 거는 것은 오직 한 가지 경우다. 바로 자신이나 동료가 체면을 잃었을 때다. 이들에게 체면을 잃는 것은 죽임을 당하는 것과 마찬가지여서 말다툼이나 몸싸움의 차원을 넘어 실제로 서로 죽고 죽이는 사태가 벌어지기도 한다. 하지만 체면만 망가지지 않는다면 웬만한 일은 아무렇지 않게 넘어가는 것이 화교의 특징이기도 하다.

화교는 문제가 심각해지기 전에 상대와 화해하기 위해 다양한 방책을 강구한다. 따라서 화교가 분노를 드러낸다면 그것은 매우 위험한 신호다. 웬만해서는 감정을 겉으로 드러내지 않는 화교가 분노를 표출했다는 것은 이미 싸울 준비에 들어갔다는 뜻이다. 이때 조심스럽지 못하게 대응했다가는 자칫 생각지도 못한 대사건으로 번질 위험이 있다. 화교를 상대할 때 화나지도 않았으면서 화났다고 오해 받을 만한 행동을 하거나 큰 소리로 떠드는 것은 무척 어리석은 태도다.

보통 사람들이 발끈할 만한 상황에서도 화교는 자신의 체면만 망가지지 않으면 절대 표정을 바꾸거나 목소리를 높이지 않는다. 목소리가 커지는 것은 자신을 통제하지 못하고 있다는 증거다.

흥분해서 감정적으로 대응하면 상대에게 자신의 약점을 알려주는 것과 다름없다. 작은 일에도 금세 흥분해서 이성을 잃어버리는 사람은 절대 좋은 평판을 얻을 수 없고 인간관계 전반에 걸쳐서 상당한 손해를 보게 된다.

부끄럽지만 사실 나도 직장생활을 할 때는 사소한 일에 발끈해서 상사에게 소리를 지른 적이 한두 번이 아니었다. 당연히 사내 평판이 좋지 않았고 아무리 우수한 영업실적을 올려도 인사평가는 엉망이었다. 욱하는 성격 때문에 계속 손해를 본 것이다.

큰 목소리는 잡음이 되고 작은 목소리는 관심을 끈다

내가 이런 성격을 고치게 된 것은 화교 스승 곁에서 비즈니스를 배우기 시작하면서부터다. 스승은 내 목소리가 너무 크다고 지적하고 의도적으로 작은 목소리를 내라고 가르쳐주었다.

그 전까지 나는 다른 사람들보다 목소리가 큰 편이기 때문에 비즈니스를 할 때 이점이 있다고 믿어왔다. 내 목소리가 주의를 집중시켜 신뢰감을 준다고 생각한 것이다.

하지만 정작 사람들은 큰 목소리로 전달되는 이야기를 쉽게 흘려버린다. 예를 들어, 클럽에서 흐르는 대음량 음악소리는 처음에는 시끄럽게 느껴지지만 금세 익숙해진다. 전철 안이나 카페에서 계속 크게 떠드는 목소리가 거슬리는 것도 처음뿐이다.

반대로 작은 목소리로 소곤소곤 대화하는 소리가 들리면 은근히 신경이 쓰이고 귀를 기울이게 된다. 무슨 말을 하고 있는지 정확히 알아듣기 어렵기 때문에 잘 들으려고 귀가 반응한다. 즉, 작은 목소리로 이야기할 때 오히려 사람들이 더욱 집중해서 듣게 되는 것이다.

목소리를 제어하는 사람이 타인을 제어한다

우리 귀는 작은 목소리에 더 민감하게 반응한다. 이 법칙을 이용하면 좀더 쉽게 상대의 주의를 끌 수 있고, 내용을 더욱 확실하게 전달할 수 있다.

먼저 당신이 큰 목소리로 연설하고 있는 사람의 이야기를 듣고 있다고 가정해보자. 연설자의 어조가 귀에 익숙해질수록 당신의 집중력은 떨어질 것이다. 아무리 재미있는 내용이라도 집중하는 시간은 오래 지속되지 않는다. 그러나 도중에 연설자가 잠시 멈췄다가 작은 목소리로 조용조용 말하기 시작하면 어떨까? '방금 무슨 이야기를 한 거지? 하며 문득 고개를 들게 될 것이다. 그리고 연설자의 작은 목소리를 알아들으려고 귀를 쫑긋 세우고 자세를 고쳐 잡을 것이다.

이 방법은 회의나 프레젠테이션을 할 때 상당한 효과를 볼 수 있다. 또한 비즈니스 상담을 할 때 고객이 설명을 잘 듣고 있지 않거나 집중도가 낮으면 오히려 작은 목소리로 바꾸면 분위기를 반전시킬 수 있다.

이번에는 당신이 업무 중에 실수를 저질러서 상사에게 혼나는 상황을 상상해보자. 언성을 높이며 계속 화를 내고 있는 상사의 목소리는 처음에는 위압적으로 느껴지지만 시간이 지날수록 의미 없는 공염불로 바뀐다. 좀더 시간이 지나면 상사가 무슨 말을 하는지 이해하려는 마음마저 사라져버린다. 반대로 상사가 조용하고 냉정한 목소리로 잘못을 지적하면 그 뜻을 곱씹으면서 경청하게 된다.

당신이 부하를 거느린 상사라면 이마에 핏대를 세울 만한 상황일수록 화를 숨기고 침착하고 냉정하게 말해야 한다. 화를 겉으로 드러내면 상대방은 본능적으로 그 순간을 모면하려는 반응을 보이게 된다. 따라서 무엇이 잘못되었는지, 자신이 무슨 잘못을 했는지 이해하고 받아들이기보다 기분 나쁘다는 감정에만 사로잡히게 되어 오히려 역효과가 난다.

나 역시 이 가르침을 항상 잊지 않으려고 노력한다. 직원이 큰 실수를 저질렀을 때일수록 목소리를 낮추고 감정을 추스린 뒤 잘못을 지적한다. 직원을 혼내는 목적은 직원이 내 말을 귀 기울여 듣고 자신의 잘못을 반성하게 만들기 위해서다. 이때는 작은 목소리가 더욱 효과적이다. 큰 목소리로 화를 내봤자 자신의 에너지만 소모될 뿐, 원하는 목적을 달성할 수 없다.

화교의 가르침 · 15

우리 귀는 작은 목소리에 더 민감하게 반응한다. 대화의 집중도를 높이고 내용을 정확하게 전달하려면 오히려 작은 목소리로 말하는 것이 효과적이다.

감정을
표정에 드러내지 않는다

화교는 표정이 풍부하지 않다. 화를 겉으로 드러내지 않을 뿐만 아니라 기쁨이나 실망감 등의 감정도 거의 표현하지 않는다. 때문에 그들의 얼굴 표정을 통해 속마음을 읽어내려는 사람들은 대개 당황하게 된다.

화교가 일본인을 제어하는 것은 식은 죽 먹기다. 화교가 감정을 드러내지 않는 것만으로도 일본인은 간단히 항복하고 만다. 마주 보며 대화를 나누던 상대가 갑자기 무표정한 얼굴로 침묵하는 장면을 상상해보자. 무슨 생각을 하고 있는지 알 수 없는 상대, 그리고 이어지는 긴 침묵. 시간이 지날수록 점점 초조해지고 긴장감이 고조될 것이다. 당신이 상대를 속이거나 거짓말을 하는 상황이라면 더욱 그럴 것이다. 마음이 약한 사람이라면 이런 분위기를 견디지 못하고 묻지 않은 것까지 술술 털어놓을지도 모른다.

반응하지 않으면 주도권을 잡을 수 있다

동물은 본능적으로 움직이는 것에 반응하고 정지된 것에는 반응하지 않는다. 인간도 동물인 만큼 상대의 움직임에 따라 대응을 달리하게 된다. 움직일 것이라고 예측한 상대가 아무 반응을 보이지 않으면 어떨까? 대개는 어떻게 대응해야 할지 몰라 우왕좌왕하게 될 것이다.

일본인들은 상대방의 이야기에 맞춰 미소 짓거나 놀라거나 안타까워하는 등의 반응을 보여서 상대의 말에 공감을 표현하는 것이 습관화되어 있다. 상대의 말에 맞장구를 치는 것도 일본 특유의 문화다.

화교는 이러한 일본인의 특성을 역으로 이용할 줄 안다. 즉 상대에게 적극적으로 반응하는 것이 당연한 일본인에게 무반응으로 일관함으로써 상대를 당황하게 만들고 정신적으로 유리한 입장에 선다.

나도 종종 이런 방법을 사용한다. 나는 직원들의 보고를 들을 때나 비즈니스 상담의 마지막 단계에서는 항상 '무(無)'가 된다. 어떠한 감정도 싣지 않고 무표정을 유지한다.

먼저, 직원의 보고를 들을 때 무표정으로 일관하면 말의 앞뒤가 맞지 않거나 직원이 자신 없어 하는 부분이 저절로 드러난다. 직원이 말을 얼버무리거나 말문이 막히는 부분에 내가 아무 반응을 보이지 않고 침묵을 지키면 직원 스스로가 당황해하며 상황을 솔직하게 말한다. 대충 넘어가는 것이 통하지 않는다고 생각하는 것이다. 질문하거나 지적할 필요도 없다. 그저 무표정하게 듣고 있기만 해도 이런 효과가 나타난다.

나는 고객과 상담할 때에도 무표정 전략을 이용한다. 마지막까지 웃는 얼굴로 최선을 다해 설명한 뒤 "그럼, 부탁드립니다" 하며 고개를 숙인 다음 표정을 싹 바꾸어 침묵한다. 상대방이 모호한 태도를 보일 때도 마찬가지다. 많은 경우 내가 무표정한 얼굴로 잠자코 있으면 상대가 먼저 침묵을 깨뜨리고 "좋아요, 그럼 이걸로 하지요"라며 스스로 결단해준다. 무표정 전략은 상대와 타이밍만 잘 선택하면 성공확률이 매우 높은 기술이다.

화교의 가르침 · 16

화교는 무표정 전략의 달인이다. 감정을 겉으로 드러내지 않는 사람은 속마음을 들키지 않기 때문에 상황을 자신의 의도대로 이끌어가고 쉽게 주도권을 쥘 수 있다.

몸짓을
의도적으로 활용한다

화교는 대부분 무표정으로 일관하지만, 필요한 경우 의도적으로 과장된 몸짓을 취한다. 그럴 때는 어찌나 과장이 심한지 마치 다른 사람처럼 보이기도 한다. 어차피 목적을 갖고 의도적으로 하는 몸짓인 만큼 확실히 인식될 수 있도록 최대한 크게 움직이는 것이 이득이라고 생각하는 것이다.

화교가 과장된 몸짓을 취하는 목적은 대개 다음의 세 가지다.

- 즐거운 자리를 한층 무르익게 한다.
- 상대의 의욕을 불러일으킨다.
- 결단의 속도를 높인다.

즐거운 자리를 한층 무르익게 한다

동료들끼리 모여 식사하고 있을 때 한 사람이 그럴듯한 비즈니스 아이디어를 내놓았다고 가정해보자. 일본인이라면 "오, 그거 좋은 생각인데!" 하며 칭찬하거나 "분명 좋은 성과를 낼 거 같아. 적극적으로 시도해봐" 하며 격려하는 정도다. 이때 화교는 어떻게 반응할까?

아마 먼저 한 사람이 "그거 정말 최고야!" 하며 손뼉을 치면서 벌떡 일어설 것이다. 그러면 나머지 사람들도 식탁을 탕탕 두드리거나 박수를 치고 휘파람을 불며 온몸으로 감동을 표현한다. 이들은 마치 경쟁이라도 하듯 자신이 할 수 있는 최대한 과장된 행동으로 상대를 치켜세워준다. 그럴수록 식사자리는 한층 무르익고 즐겁고 유쾌한 분위기가 퍼져나가게 된다.

화교들이 이처럼 과장된 행동을 하는 것은 깊은 의도나 의미가 있어서가 아니다. 단지 모임의 분위기를 좀더 유쾌하게 만들려는 단순한 동기에서 우러난 행동이다. 적극적으로 공감과 감동을 공유하는 사이에 자연스럽게 인간관계가 더욱 돈독해지기 때문이다.

상대의 의욕을 불러일으킨다

화교는 부하를 칭찬할 때도 말뿐만 아니라 몸 전체로 표현한다. 내가 큰 거래를 따냈을 때 스승이 "아주 잘해냈어!" 하며 내 책상을 붙잡고 흔드는 바람에 깜짝 놀란 적이 있다. 물론 나는 크게 칭찬받아서 무척 기뻤지만 스승 역시 책상을 흔들면서 함께 기뻐하고 흥분했다. 그 감정이 내게도 전해져서 기쁨이 더욱 커지고 의욕도 한층 높아졌다. 이른바 흥분 효과가 나타난 것인데, 이후 업무 성취에 도움이 되었음은 두말할 필요가 없다.

다만 화교는 이렇게 과장된 몸짓으로 기쁨과 즐거움을 표현할 때도 웃는 일은 거의 없다. 몸은 크게 움직이면서도 얼굴은 상대를 응시한다. 상대의 반응을 확인하기 위해서다. 과장된 몸짓과 무표정을 동시에 유지하는 셈이다. 일본인의 시선으로 보면 기이하다고 해야 할지 노련하다고 해야 할지, 화교의 이런 행동에 익숙해지기 전까지는 당황스러운 광경인 것은 틀림없다.

결단의 속도를 높인다

이 밖에도 화교는 다양한 몸짓을 이용해서 원하는 목적을 달성하곤 한다. 화교 특유의 비언어 기술이 위력을 발휘하는 분야는 역시 비즈니스 현장이다.

예를 들어, 고객으로부터 기획안을 의뢰받고 A안과 B안 두 가지를 준비한 뒤 상담을 하게 되었다. A안이 추천하는 안이라면 대개 고객이 A안을 선택하도록 이야기를 진행하는데, 이때 화교는 특유의 몸짓을 더함으로써 고객 스스로 A안을 선택하게 만든다. 즉, 결단을 재촉하는 상황에서 두 종류의 기획안 중 A안만 들고 흔들면서 이렇게 말하는 것이다.

"저는 A안을 권하지만 결정은 고객님에게 달려 있습니다. 어느 것으로 하시겠습니까?"

이렇게 말하면 전부는 아니더라도 많은 사람들이 손에 들고 흔드는 쪽의 서류를 고르게 된다. 사람은 본능적으로 움직이는 것에 반응한다. 움직이는 것은 사라질 수 있기 때문에 재빨리 붙잡아야 한다는 심리가 발동하기 때문이다. 또한 상대가 무표정한 표정으로 일관하면, 왠지 모르게 쫓기는 기분이 들어 상황을 빨리 끝내려고 움직이는 서류에 손을 내밀게 된다.

화교가 몸짓을 활용하는 것은 말로 여러 번 설명하는 것보다 효과적이고 시간도 절약되기 때문이다.

빠른 결단을 이끌어내 시간을 절약하면 결국 고객에게도 도움이 된다. 기획안이든 견적서든 여러 개의 안을 두고 선택하지 못하는 것은 고객이 자신의 판단에 확신이 없기 때문이다. 이럴 때는 전문가가 "이쪽을 선택하는 것이 고객님께 유리합니다" 하고 결정을 유도해주는 것이 친절한 태도다. 전문 지식이나 정보가 없는 고객의 결정에 무조건 따르겠다고 하는 것은 한편으로는 무책임한 행동이 될 수도 있기 때문이다.

화교는 기본적으로 '고객 밀착' 비즈니스를 한다. 평소 고객과의 소통을 게을리 하지 않고, 고객이 원하는 바를 듣기 위해 직접 찾아다니는 것을 당연하게 여긴다. 따라서 고객들도 이런 태도에 익숙해져서 화교가 다소 과장된 몸짓을 하거나 적극적으로 의견을 밀어붙여도 거부감 없이 좋은 관계를 유지할 수 있는 것이다.

화교의 가르침 · 17
백 마디 말보다 하나의 몸짓이 효과적일 수 있다. 적극적인 몸짓은 흥겨운 분위기를 증폭시키고 결단의 속도를 단축시킨다.

눈이 아니라
입을 본다

"중국인은 세상에서 가장 속이기 어렵다. 상대의 눈을 보지 않기 때문이다."

화교 스승과 동료들은 이렇게 단정적으로 말한다. 실제로 화교들은 상대와 시선을 잘 맞추지 않는다. 때문에 종종 무뚝뚝하다거나 예의 없다는 평가를 받기도 하고, 도무지 속을 알 수 없다거나 신뢰하기 어렵다는 말을 듣기도 한다.

상대의 눈을 보지 않기 때문에 속이기가 어렵다는 것은 무슨 뜻일까? 눈은 거짓으로 꾸며낼 수 있기 때문에 상대를 속이기 쉽다는 것이 화교들의 설명이다. 즉, 화교는 상대의 눈을 보지 않기 때문에 거짓으로 꾸며낸 상황에 속을 일도 없다는 것이다.

이러한 생각은 우리의 상식과는 정반대다. 많은 사람들이 눈은 마음의 거울이라고 믿고 있다. 때문에 상대의 눈을 보면 그가 거짓말을 하고 있는지 아닌지 알 수 있다고 생각한다.

상대에게 속지 않기 위해서는 눈을 보지 말아야 한다는 화교와 눈을 잘 관찰해야 진실을 알 수 있다고 생각하는 일본인, 과연 어느 쪽이 맞을까?

일본인은 눈으로 거짓말을 잘한다

"내 눈을 보면서 솔직하게 말해라."

누구나 부모님께 한 번쯤 이런 말을 들어본 적이 있을 것이다. 나도 학생시절 수없이 많이 이런 말을 들었다. 부모님이 이런 말을 할 때는 자녀가 어떤 실수나 잘못을 저질러서 숨기려고 할 때다. 이 말 속에는 숨기는 것이 없다면 어른의 눈을 똑바로 볼 수 있을 것이라는 의미가 포함되어 있다. 부모들은 자녀가 자꾸 시선을 피하면 잘못을 저질렀거나 숨기는 것이 있다고 생각한다.

그런데 이처럼 어릴 때부터 눈을 보면서 말하는 습관을 가진 일본인이야말로 눈으로 거짓말을 무척 잘한다. 눈을 맞추며 반성하는 모습을 보이지 않으면 부모의 설교가 끝나지 않으니 '반성하는 듯한 눈빛'을 꾸며서 연기하게 된다. 어릴 때부터 이런 연습을 거듭하는 사이에 눈으로 하는 연기가 능숙해진다. 이런 점에서 눈은 거짓으로 꾸며낼 수 있다는 화교들의 주장이 더 설득력 있게 다가온다.

상대의 마음을 읽기 위해 화교는 입을 본다

스승으로부터 눈은 거짓말을 할 수 있다는 것을 배우고 난 뒤 나는 더 이상 눈을 보고 상대를 판단하지 않게 되었다. 그렇다면 상대의 속마음을 알고 싶을 때는 어디를 봐야 할까?

화교는 입을 통해 상대의 본심을 파악한다. 스승은, 입은 결코 거짓으로 꾸며낼 수 없다고 강조한다. 처음 이 말을 들었을 때 나는 반신반의했다. 입은 눈보다 쉽게 움직일 수 있으니 그만큼 꾸며내기도 더 쉬울 것이라는 생각이 들었기 때문이다. 그러나 스승의 설명을 듣고 수많은 사람들의 입을 관찰해본 결과 그 의미를 이해하게 되었다.

입은 눈보다 쉽게 움직이기 때문에 의식적으로 제어하기가 더 어렵다. 따라서 입에는 사람의 감정과 속마음이 무의식적으로 드러나고 만다.

예를 들어, 거래처로부터 부당하게 클레임을 당한 경우를 생각해보자. 거래처 담당자가 억지스러운 요구를 하더라도 일을 원만하게 매듭짓기 위해서는 면전에서 화를 내거나 얼굴을 붉힐 수가 없다. 그래서 눈은 애써 웃는 표정을 유지하지만 입은 자신도 모르는 사이에 비죽거리게 된다. 상사에게 꾸중을 들을 때도 마찬가지다. 상사 앞에서는 반성하는 듯한 표정을 짓지만 상사에 대한 불만과 적개심 때문에 무의식중에 입꼬리가 올라가게 된다.

골똘히 생각에 잠겨 있는 듯한 사람이나 심각한 표정을 짓고 있는 사람이 있다면 잘 관찰해보라. 만약 그가 입을 벌리고 있다면 사실 아무 생각도 하고 있지 않는 것이다. 어떤 일에 대해 집중하고 긴장할 때는 결코 입을 벌리지 않는다.

특히 일본인은 상대의 눈을 보고 말하는 것이 습관화되어 있어서 입에 관한 한 무방비 상태다. 물론 입의 표정을 아주 잘 꾸미는 사람들도 간혹 있다. 그러나 입의 표정을 거짓으로 꾸미는 것은 그것을 의식하고 있는 잠깐 동안에만 가능하다. 호감을 주기 위해 양쪽 입꼬리를 올려 미소 짓거나 귀엽게 보이려고 입술을 오므리며 내미는 것도 불과 몇 초를 버티지 못한다. 잠시만 함께 있어 보면 곧 원래의 표정으로 돌아가게 된다.

어릴 적부터 상대의 입을 읽어내도록 훈련받는 화교와 중국인은 입의 표정만으로 상대의 성격을 간파해낸다. 내 동료인 중국인 청년은 상대의 입을 읽어내는 능력이 어찌나 탁월한지 첫 만남에서 상대의 성격까지 거의 완벽하게 알아맞힌다. 그가 입 모양을 통해 성격까지 파악하는 것을 보고 있으면 무서운 생각이 들 정도다. 상대의 눈을 보면 그의 진심을 알 수 있다는 말을 들으면서 자라온 나는 아직 그런 경험을 해보지 못했다.

일본인도 의식적으로 훈련하면 어느 정도까지는 입 모양을 읽는 능력을 습득할 수 있다. 다만 닥치는 대로 많은 사람들의 입을 관찰한다고 그런 능력을 갖게 되는 것이 아니고, 방법을 제대로 배우는 것이 중요하다.

입을 통해 드러나는 사람의 감정은 제각각 다르므로 가장 먼저 상대의 버릇을 정확히 파악해야 한다. 부루퉁할 때 입을 뾰족하게 만들거나 망설일 때 입술을 앙다무는 것, 긴장할 때 혀로 입술을 핥는 것 같은 기본적인 습관을 알고 있으면 입 모양을 통해 드러나는 감정을 패턴화할 수 있다. 그리고 그 패턴에서 벗어나 상대가 어떤 감정을 의도적으로 연기하고 있는지 금세 꿰뚫어볼 수 있다.

이를 위해서는 먼저 상대의 경계심을 풀어야 한다. 무방비 상태에서 비로소 본심이 드러나기 때문이다. 바로 다음 장에서 상대의 마음을 무장해제시키는 강력한 방법을 설명할 것이다.

화교의 가르침 · 18
상대의 본심을 파악하려면 눈이 아니라 입을 보라. 눈은 거짓으로 꾸며낼 수 있지만 입으로 연기하는 것은 거의 불가능하다.

화교의 비즈니스는
식사자리에서 시작된다

상대의 속마음을 알기 위해 관찰해야 할 부위는 눈이 아니라 입이다. 입을 잘 관찰하기 위해서는 뭐니뭐니해도 함께 식사를 하는 것이 가장 좋다. 음식을 먹으면서 입 모양을 꾸며내기는 쉽지 않기 때문이다. 요컨대 음식을 먹는 동안에는 입이 무방비 상태가 되어 본래의 감정이 드러나기 쉽다.

여기에 술까지 마시면 경계심이 더욱 느슨해진다. 입 모양을 읽어내고 싶은 상대가 있다면 식사자리에 초대해서 긴장을 푼 상태에서 그의 입 모양이나 버릇을 관찰해보는 것이 가장 좋은 방법이다.

상대의 경계를 푸는 가장 좋은 방법은 오래 함께 식사하기

화교가 비즈니스 상대를 식사에 초대하는 이유도 입을 잘 관찰하기 위해서다. 상대가 좀처럼 속마음을 드러내지 않는다고 느껴지면 화교는 미팅이나 회의 도중이라도 "잠시 쉬면서 식사하러 갑시다" 하고 적극적으로 제안한다. 그리고 식사하는 동안 상대의 입을 관찰하면서 성격을 탐색하고 겉으로 드러나는 태도와 속마음의 차이를 파악한다.

이때 화교는 최대한 상대의 경계심을 풀기 위해서 식사에 긴 시간을 할애한다. 중요한 사람일수록 먹고 마시면서 세 시간이고 네 시간이고 가능한 한 오랫동안 함께 식사를 한다. 식사를 하며 이런저런 화제로 이야기를 나누다 보면 어느 순간 그의 속마음이 입 모양에 드러나게 된다. 아무리 의지가 강하고 연기력이 뛰어난 사람도 서너 시간 이상 입 모양을 꾸며내는 것은 불가능하므로 결국 본심을 드러내게 된다. 화교는 이 순간을 놓치지 않는다.

식욕은 타인과 자유롭게 공유할 수 있는 욕구다

비즈니스 상대의 속마음을 알아내려고 할 때뿐만 아니라 순수하게 상대와 친해지고 싶을 때도 함께 식사하는 것이 가장 손쉽고 빠른 방법이다. 식사자리를 통해 친목을 도모하는 것은 화교들만의 특별한 기술이 아니라 전 세계에서 보편적으로 통용되는 방법이다.

함께 식사하면 왜 쉽게 친해지는 것일까? 동물의 3대 욕구인 식욕, 수면욕, 성욕 중에 유일하게 타인과 자유롭게 공유할 수 있는 것이 식욕이기 때문이다.

물론 성욕도 상대와 공유할 수 있는 욕구지만 상대를 선정하는 데 상당한 제한이 따르고 일정 부분 상대의 욕구에 맞춰주어야 하는 한계가 있다. 반면, 식욕은 욕구를 채우는 즐거움을 공유하면서도 동시에 각자가 원하는 음식을 먹을 수 있어서 상대에게 맞출 필요가 없다. 따라서 식사자리에서는 거리낌 없이 자신의 욕구를 채울 수 있기 때문에 쉽게 경계심을 풀고 본연의 모습을 드러내게 된다.

식사를 매개로 한 커뮤니케이션은 상대를 간파해서 비즈니스의 목적을 이룰 때에도 매우 좋은 방법이고, 친목 도모를 위해서도 가장 쉽고 성공 확률이 높은 방법이므로 적극적으로 활용할 만하다.

학교의 가르침 · 19

상대의 속마음을 알기 위한 최고의 방법은 함께 식사하는 것이다. 중요한 사람일수록 오랫동안 느긋하게 함께 식사하라. 상대가 경계심을 풀고 본심을 드러낼 것이다. 그 순간을 놓치지 마라.

절대로
상대를 책망하지 않는다

화교의 특징을 말할 때 빼놓을 수 없는 것이 체면이다. 여러 번 설명했듯이 화교는 체면을 목숨보다 중요하게 여긴다. 따라서 만약 어떤 일이 실패했다면 상대방의 체면과 자신의 체면을 모두 상처내지 않는 선에서 매듭짓고 넘어가야 뒤탈이 없다. 이때는 자신과 상대를 제외한 제3의 인물을 악인으로 만들어야 한다.

예를 들어, 부하직원이 거래처와의 협상에 실패했을 때 화교 상사는 어떻게 대처할까? 부하직원이 거래를 성사시키지 못했다면 그 일을 지시한 상사 자신의 체면도 큰 타격을 입게 된다. 협상 실패가 대수롭지 않은 일이라는 식으로 넘어갈 수는 없다. 그래서 실패의 책임을 부하직원과 가장 먼 관계에 있는 대상에게 떠넘김으로써 체면이

깎이지 않도록 변명거리를 만들어준다. 이때 화교들은 다음과 같은 전략을 취한다.

눈앞의 상대를 책망하지 않고 거시적인 세력을 악인으로 만든다

• 1단계 : 부하의 변명거리를 만들어준다(문제는 거래처에 있다)

"실패한 것은 자네 탓이 아니다. 상대 회사의 담당자가 정보가 부족했던 것이 원인이다. 이 일은 담당자가 정확한 정보를 갖고 있어야만 성사시킬 수 있는 일이다."

• 2단계 : 거래처 담당자의 변명거리를 만들어준다(문제는 업계에 있다)

"담당자의 정보가 부족하다고 그를 탓해서는 안 된다. 현재 업계 구조상 담당자가 정확한 정보를 얻기가 매우 어렵다. 업계의 주요 단체들이 핵심 정보를 틀어쥐고 제대로 알려주지 않기 때문이다."

이런 방식은 자신과 상대 모두가 자연스럽게 실패의 책임에서 빠져나올 수 있도록 만드는 프로파간다 전략이다. 프로파간다 전략은 특정 의도를 갖고 여론을 형성해 사람들의 판단이나 행동을 원하는 방향으로 이끌어가는 전략을 말한다.

자신의 무리를 소중히 여기는 화교는 절대 자신의 사람을 악인으로 만들지 않는다. 대신 비판하더라도 아무도 상처받지 않는 업계의 관행이나 시스템 같은 거시적인 세력을 악인으로 만든다.

프로파간다 전략을 사용하려면 폭넓은 지식과 정보를 바탕으로 한 뚜렷한 식견이 필요하다. 허술하게 변명거리를 만들어봐야 전혀 설득력이 없다. 자신과 자기 무리의 체면을 유지하면서 실패에 대한 책임을 회피하는 프로파간다 전략이야말로 상사의 역량을 증명해보여주는 고도의 기술이다.

물론 여기서 끝나서는 안 된다. 프로파간다 전략은 임시방편일 뿐 다음번에 확실하게 성공해서 실패를 설욕해야만 자신과 부하직원 모두 체면이 선다. 따라서 화교 상사들은 부하직원이 실패할 경우 먼저 감싸안아준 뒤 첫 실패를 만회할 방법을 찾아낼 수 있도록 도와준다. 앞의 사례를 예로 들면, 부하직원에게 다음과 같이 코치하는 것이다.

"거래처 담당자가 정보를 얻지 못하면 다음번에도 정확한 판단을 내릴 수 없어. 자네가 먼저 정보를 정리해서 담당자에게 알려주게. 현재의 문제점을 지적하고 올바른 정보를 공유한 다음 담당자가 상사를 설득할 수 있도록 새로운 제안을 해보게."

프로파간다 전략을 잘 사용하면 더 큰 성과를 얻을 수 있다

내 사업 분야인 치과업계에도 다음과 같은 고질적인 문제점이 있다. 관련 행정부서가 최신 암 치료법 등 대중의 관심이 집중되는 곳에만 예산을 쏟아붓고 구강 건강을 위해서는 지원과 노력을 소홀히 한다. 구강 건강은 당뇨병이나 뇌경색 등과도 깊은 연관이 있는데 정부는 이런 정보를 국민에게 알려야 할 의무를 다하지 않고 있다. 이때 업계의 현 상황을 바탕으로 프로파간다 전략을 이용해 다음과 같이 제안할 수 있다.

• 1단계 : 프로파간다 전략 이용하기

"정부의 홍보 부족으로 당뇨나 뇌경색 환자들처럼 필수적으로 치과진료를 받아야 할 많은 사람들이 치료할 필요성을 인식하지 못하고 있다. 병원 역시 환자층의 저변을 넓히지 못해서 이익을 늘릴 수 없다. 따라서 의료기기의 수요도 제자리걸음에 머물러 제조업체가 고전을 면치 못하고 있다."

• 2단계 : 고객에게 새로운 제안하기

"정부의 홍보와 지원만 기다릴 것이 아니라 의료 현장에서 구강 건강의 중요성에 대해 적극적으로 계몽활동을 펼쳐나가야 한다. 우리 회사는 치과기기를 제조하는 업체로서 이러한 사명이 있다. 치과의사 분들과 함께 노력해나가고 싶다. 이를 위해 최근 우리 회사가 제조한 예방적 치과기기를 제안한다. 이 제품은 현재 치과업계의 상황과 환자들의 니즈에 정확히 부합할 것이다."

이런 제안에는 단순히 자사의 제품홍보뿐만 아니라 업계 전체의 상생이라는 거시적인 목표도 포함되어 있다. 회사의 실질적인 고객인 치과의사뿐만 아니라 그들의 고객인 환자들의 니즈를 동시에 고려하고 있기 때문이다.

이처럼 프로파간다 전략을 사용하면 제품 판매라는 1차적인 목적을 뛰어넘어 업계 전체에 도움이 되는 제안과 개선안을 이끌어낼 수 있다. 프로파간다 전략을 사용하기 위해서는 거시적인 지식과 정보가 필요하다. 사회 전반에 관심을 갖고 평소 공부를 게을리 하지 않는 노력과 여유를 지닌 사람만이 프로파간다 전략을 사용할 수 있다.

화교의 가르침 · 20

상대의 실패를 책망하기보다 업계의 관행이나 시스템을 비판하는 것이 현명하다. 이런 방식은 인간관계를 깨뜨리지 않으면서도 상대가 더 분발하도록 자극한다.

상대를
궁지에 몰아넣지 않는다

부하직원이 거래처 담당자를 화나게 만들어서 관계가 틀어졌다.

영업사원이 몇 달 연속으로 목표치를 달성하지 못했다.

납품한 상품 중 일부가 파손되어 전체가 반품 처리되었다.

비즈니스를 하다 보면 이처럼 예상치 못한 온갖 문제가 터지기 마련이다. 이때 우리는 가장 먼저 '왜?'라는 질문을 떠올린다. 일단 원인을 밝혀내려고 하는 것이다.

왜 부하직원이 거래처 담당자를 화나게 했는가?

왜 영업사원이 몇 개월 동안이나 목표치를 달성하지 못했는가?

왜 납품한 상품이 파손되었는가?

이러한 접근법은 상품과 서비스의 품질을 개선하는 데는 좋을지 몰라도 감정을 지닌 사람을 다루는 데는 효과적이지 않다. 당신이 자꾸 "왜? 왜?" 하며 다그쳐 묻는다면 상대는 어떻게 나올까? 그들의 반응은 두 가지일 것이다. 변명을 하거나 입을 다무는 것이다. 당신이 집요하게 따져 물을수록 상대는 더욱 대답을 회피하거나 아예 말문을 닫아버릴 가능성이 높다.

진실을 터놓게 하는 질문은 '어떻게?'

사람의 마음을 움직이는 데 탁월한 능력을 가진 화교는 섣불리 '왜?'라고 추궁하지 않는다. 원인을 밝힐 때 더 효과적인 방법은 'Why(왜)'가 아니라 'How(어떻게)'이다.

'어떻게' 했냐고 물으면 상대는 '이렇게 저렇게' 했다고 설명할 수 있다. 반면 "이렇게 했다는 말이냐?" 하고 한정된 질문을 던지면 대답은 '예' 또는 '아니오'가 될 수밖에 없다.

화교는 난처한 질문이나 한정된 질문으로 상대를 몰아넣지 않는다. 이들은 '어떻게'라는 부사를 활용해 상대가 감추고 싶어하는 진실을 스스로 터놓게 하는 기술을 갖고 있다. 예를 들어, 회사의 기술 담당자가 의료기기를 수리하면서 중요한 실수를 저질렀다고 하자. 이때 왜 실수를 저질렀냐고 추궁하면 그는 십중팔구 변명을 늘어놓을 것이다. 대신 어떻게 수리했느냐고 물으면 자신이 실수한 이유와 과정을 정직하게 말하게 된다.

일단 실수의 원인이 밝혀지면 더 이상 그를 책망할 필요가 없다. 어떤 점이 잘못되었는지 지적한 뒤 다음부터 같은 실수를 반복하지 않도록 지도하면 그것으로 충분하다.

고객에게 제품에 대한 솔직한 평가를 이끌어낼 때도 동일한 방법을 사용할 수 있다. '왜 이 상품(서비스)을 선택했느냐'고 물을 때와 '이 상품(서비스)을 어떻게 사용하고 있느냐'고 물을 때는 전혀 다른 대답이 돌아온다. '이유'보다 '용도'를 물어보는 것이 대화의 화제도 더 다양해지고 구체적인 정보를 얻어내기도 쉽다.

화교의 가르침 · 21
섣불리 '왜'라고 추궁하지 마라. '어떻게'라는 부사를 사용해 상대가 스스로 진실을 털어놓도록 하라.

화교가 애완동물을 기르는 데는
이유가 있다

화교는 대부분 개나 고양이 같은 애완동물을 기른다. 부자들뿐만 아니라 사업자금을 모으기 위해 근검절약하는 젊은이들도 으레 애완동물을 기른다. 애완동물을 좋아하지 않거나 심지어 무서워하는 화교들도 거의 예외가 없다. 왜 그럴까?

화교가 애완동물을 기르는 이유는 다른 사람들과 친분을 쌓는 데 도움이 되기 때문이다. 애완동물은 낯선 사람과도 쉽게 이야기를 트는 계기를 만들어준다. 애완동물을 길러본 사람은 잘 알겠지만, 애완동물을 기르다 보면 여러 사람들과 커뮤니케이션할 기회가 꽤 많이 생긴다.

나는 개를 기르고 있는데 개와 함께 산책하고 있으면 지나가던 사람들이 말을 걸어올 때가 많다. "개가 참 잘생겼네요", "몇 살인가요?" 등의 가벼운 질문을 던지는 사람부터 "예전에 제가 기르던 개와 많이 비슷하네요. 제 개는 이미 하늘나라로 떠났어요" 하는 식의 개인적인 경험담을 늘어놓는 사람까지 다양하다.

이런 만남이 반복되다 보면 자연스럽게 상대와 인사를 주고받게 되고 그런 사이에 가족이나 취미에 관한 이야기도 나누게 되면서 친분을 쌓게 된다. 애완동물이 화젯거리가 되어 처음 보는 사람과도 빠른 시간 내에 스스럼없이 친해질 수 있는 것이다.

애완동물은 가장 편안한 화젯거리

그럼 왜 굳이 애완동물이어야 할까? 자녀나 취미활동에 관한 화제를 꺼내도 자연스럽게 대화를 시작할 수 있지 않을까? 아니다! 이런 화제는 성공확률이 낮다. 낯선 사람과 거부감 없이 대화를 시작할 때는 반드시 애완동물에 관한 화제부터 시작해야 한다. 애완동물은 크든 작든, 못생겼든 잘생겼든 각각의 특성을 개성으로 인정해줄 뿐 우열을 따지지 않기 때문이다.

자녀에 대한 이야기로 대화를 시작하면 어느새 자녀의 성적에 따라 우열이 나뉘게 된다. 골프나 피아노 같은 취미도 조금만 이야기하다 보면 서로 수준 차이가 드러나게 된다. 이때 자신이 잘하는 쪽이면 의도치 않게 상대의 기분을 해칠 수 있고 서먹한 분위기가 형성될 가능성이 있다. 물론, 반대로 자신이 못하는 쪽이라면 자존심이 상할 수 있다.

애완동물에 관한 화제는 이런 갈등의 소지가 적다. 혹시 상대가 기분 나빠하지 않을까, 하고 미리 신경 쓰고 배려하지 않아도 된다. 그저 각자 기르는 애완동물의 사진을 보여주며 "애교가 참 많네요", "개성이 강하네요"와 같은 덕담을 주고받으면서 자연스럽게 대화를 시작하고 화제를 이어나갈 수 있다.

단, 앞서 설명한 것처럼 화교들은 필요에 의해 애완동물을 기르기 때문에 실제로 애완동물을 애지중지하는 사람은 많지 않다. 화교에게 애완동물은 커뮤니케이션 도구로서의 역할이 더 크다.

화교의 가르침 · 22

여러 사람과 쉽게 친분을 쌓고 싶다면 애완동물을 길러라. 애완동물에 관한 화제는 대부분의 사람들에게 환영받는다.

소통하는 상대는
'사람'이다

화교의 사고방식은 철저하게 '사람 중심'이다. 화교는 다른 어떤 것보다 사람을 최우선으로 여긴다. 이들은 사람을 사귀는 데 필요하다면 싫어하는 애완동물도 기꺼이 기른다. 또한 사회규범이 아무리 중요해도 인간의 본질과 동떨어져 있다면 지키지 않아도 된다고 생각한다. 최첨단 도구나 기술들도 마찬가지다. 아무리 훌륭한 도구도 사람을 위해 만들어진 것인 만큼 사람보다 우선할 수 없다는 것이 화교들의 생각이다.

그런데 요즘 많은 일본인들은 이런 사고방식을 잊은 채 살아간다. 대화와 소통은 무시되고 규칙만 앞세우는 경우가 빈번하다. 새로운 도구가 유행하면 그것이 사회의 새로운 기준이라도 되는 양 너나 할 것 없이 좇아간다. 이런 식으로는 화교의 비즈니스 방식을 흉내 내봤자 아무 성과도 얻을 수 없다. 세계 최고라고 인정받는 화교의 상혼을 배우고 싶다면 '사람 중심'의 가치 아래 소통의 방식을 다시 점검할 필요가 있다.

우선해야 할 것은 규칙보다 사람이다

먼저, 규칙에 대해 생각해보자. 내가 중국에 출장갔을 때의 일이다. 인도를 걷고 있는데 앞에서 오토바이 한 대가 달려오면서 격렬하게 경적을 울렸다. 나는 '과연 중국인답군!' 하고 생각하면서 오토바이 운전자에게 큰 소리로 왜 그렇게 심하게 경적을 울리느냐고 물었다. 그는 "내가 길을 가는데 당신이 방해되니까!" 하고 너무나 당연하게 대답했다. 그렇다면 차도로 달리면 되지 않느냐고 내가 반문하자 그는 "어디를 달리든 내 자유다!" 하고 한마디 툭 내뱉고는 그대로 사라져버렸다. 언뜻 생각하면 터무니없는 억지지만 오랫동안 화교를 겪어본 나는 그 말이 묘하게 이해되었다.

아마 일본에서 이 일이 일어났다면 몰상식한 운전자라며 엄청난 비난을 받았을 것이다. 그러나 중국인들은 자신이 인도로 가고 싶으면 당연히 그렇게 할 수 있다고 생각한다. 사회 전체가 이런 인식을 갖고 있기 때문에 중국인 오토바이 운전자는 규칙을 깨고도 당당했던 것이다.

중국인이나 화교가 규칙을 꺼내드는 경우는 대화로 문제가 해결되지 않을 때뿐이다. 이들은 만약 내가 오토바이에 부딪혀 다쳤더라도 쌍방이 대화로 해결하면 굳이 규칙을 운운할 필요가 없다고 생각한다. 대화로 해결되지 않을 때에만 비로소 법률이라는 규칙을 적용한다.

일본인들은 규칙을 너무 앞세워서 오히려 손해를 볼 때가 많다. 당사자들이 마주앉아 대화를 하다 보면 여러 가지 방향으로 길이 열린다. 그런데 규칙을 전제로 대화를 시작하면 답은 하나밖에 없다. 정의를 내세우는 것도 마찬가지다. 술수나 편법을 쓰지 않고 정공법으로 승부를 거는 정치가가 도리어 반격을 당하게 되는 것도 상대와 소통하는 기술이 부족하기 때문이다. 소통을 잘하기 위해서는 철저하게 '사람 중심'으로 생각해야 한다.

이어져야 하는 것은 도구가 아니라 사람이다

다음으로, 도구에 대해 생각해보자. 나는 페이스북을 통해 메시지를 주고받는 것이 여러 사람과 소통하는 데 효과적이라는 주장에 대해 매우 회의적이다. 나는 페이스북을 사적인 용도의 비망록이나 사진 저장 공간으로만 이용할 뿐 메시지 전달 기능은 절대 사용하지 않는다. 내가 올린 글에 댓글이 달려 있어도 답을 달거나 다른 사람의 글에 '좋아요!' 버튼을 누르지 않는다.

페이스북의 특성이 여러 사람과 연결되는 것이기는 하지만 사용자가 즐기기 위한 도구인 만큼 사용 방식이나 빈도는 각자가 선택하면 된다고 나는 생각한다. 그런데 페이스북을 통해 내게 메시지를 보내오는 사람들은 내가 답을 달지 않으면 무시당했다고 생각해 불쾌하게 여긴다. 그들은 나라는 사람보다 도구의 올바른 사용법을 더 우선하는 것이다. 그들은 페이스북을 사용하는 사람은 당연히 날마다 댓글이나 메시지를 확인해서 답을 달아야 하고, 지인들이 올린 글에도 '좋아요!' 버튼을 눌러야 한다고 생각한다.

이처럼 우리는 페이스북 사용법조차 스스로 선택하지 못하고 은연중에 특정한 사용법을 강요당하고 있다. 왜 꼭 필요한 사회규범도 아닌 이런 사소한 것들에까지 얽매여 살아야 하는 것일까?

요즘 언론을 통해 'SNS 피로 증후군', '승인 욕구' 등의 말을 자주 듣게 된다. 스마트폰이 대중화되면서 인간관계에 대한 피로도 역시 급속히 증가하고 있다. 이런 상태가 지속되면 사회 문제로까지 확대될 것이 분명하다.

화교들은 일본인이 지나치게 도구에 얽매여 있다고 말한다. 불필요한 소통에 많은 시간과 신경을 쓰느라 지치는 것보다는 상대방과 직접 만나 이야기하는 것이 훨씬 더 낫다고 그들은 생각한다. 도구 저편에 있는 1만 명의 사람들보다 눈앞에 있는 한두 사람에게 확실하게 승인받는 것이 화교의 방식이다.

한편, 화교는 사람 만나는 것을 좋아하고 즐기지만, 반드시 직접 만나서 이야기해야 한다는 식의 집착은 하지 않는다.

이들은 상대방이 이메일로 연락하기를 원하면 이메일을 이용한다. 다만 언제나 이메일로 연락해야 한다든지 하루에 한 번은 꼭 이메일을 확인한다는 식의, 일정한 규칙을 정해놓지는 않는다. 즉, 화교는 상대가 메일을 보내는 즉시 읽을 필요는 없다고 생각하고, 상대로부터 메일의 답장 재촉을 받으면 그때 메일을 확인한다. 화교에게는 이것이 일반적인 반응이다.

화교들은 규칙을 절대적인 것으로 생각하지 않는다. 어떤 도구도 만능이라고 여기지 않는다. 그들은 오직 사람을 중심에 둔다. 그들이 상대하는 것은 사람이기 때문이다.

화교의 가르침 · 23
당신의 비즈니스 상대는 사람이다. 어떤 규칙도, 어떤 도구도 사람보다 우선해서 존재하지 않는다. 오직 사람을 중심에 두고 소통하라.

잠깐!

화교와 중국인은 어떻게 다른가?

화교와 중국인의 차이는 해외에 진출하느냐 국내에 머무느냐. 이 단순한 차이가 '공격적인 중국인'과 '방어적인 화교'라는 대조적인 성격을 이끌어냈다. 나는 '공격적인 중국인'이라는 성격이 수렵 민족의 특성에서 기인한다는 설을 지지한다.

• 공격적인 중국인

중국인의 90퍼센트를 차지하는 한족의 조상은 말을 타고 수렵생활을 하면서 육식을 주로 하던 민족이다. 이들은 같은 육식 문화권인 유럽인과 신체구조가 비슷하며 장이 짧아서 술을 많이 마셔도 잘 취하지 않는다. 체격이 좋고 다리가 길며 허리의 위치도 높다. 더욱이 생활방식도 유럽과 많이 유사해 아시아에서는 유일하게 중국인만 전통적으로 '의자에 앉는 문화'를 갖고 있었다.

언어에서도 중국어와 영어의 문법에는 유사점이 많다. 일본어와

한국어에는 경어가 있는데 중국어와 영어에는 명확히 경어라고 할 만한 것이 없다. 윗사람을 내세우는 경우에만 단어나 표현을 바꾸어 사용하는 정도다.

이처럼 중국인과 유럽인은 비슷한 점이 많지만, 역사에 대한 자부심이 강한 중국인들은 자신들이 유럽인보다 뛰어나다고 주장한다. 중국인들은 자신들이 세계 최고 민족이라고 생각하기 때문에 미국에 대해서도 아무렇지 않게 싸움을 거는 것이다.

• 방어적인 화교

물론 화교도 바탕에는 중국인의 공격적인 성격을 갖고 있다. 그러나 화교는 다른 나라에서 돈벌이를 해야 하는 특수성 때문에 먼저 갈등을 일으키거나 싸움을 걸 수 없는 처지다. 실제로 화교의 역사를 들여다보면, 과거 화교들이 상당한 압박과 배척, 차별을 받아왔음을 알게 된다. 세계 최고의 상혼을 가진 화교의 경제적 영향력을 우려한 사람들이 그들을 견제하기 위해 다양한 방법을 동원한 것이다.

때문에 화교는 자기 무리를 지키기 위해 성채를 쌓아올렸는데 그것이 바로 세계 각국에서 볼 수 있는 차이나타운이다. 화교들은 조국에서 새 동료가 이주해오면 의식주 문제부터 창업에 이르기까지 극진하게 지원해 차이나타운을 기반으로 안정적으로 현지에 정착하도록 돕는다. 이런 방식으로 화교의 세력을 점차 넓혀가는 것이다.

그렇다고 화교가 외부 세계와 전혀 교류하지 않는 것은 아니다. 폐쇄적인 방식으로는 비즈니스에서 결코 성공을 기대할 수 없다. 화교는 조국의 문화를 지키면서도 현지 문화를 존중하며 융화해간다. 재일화교가 절을 하는 것도 그 일례다. 중국인은 좀처럼 타인에게 고개를 숙이지 않지만 재일화교는 자연스럽게 고개를 숙여 인사한다.

사교성이 좋은 것도 화교의 특징이다. 이것은 불필요한 트러블을 피하기 위한 일종의 '수비 행동'으로, 다른 나라에서 안정적으로 지내기 위해 자연스럽게 몸에 밴 습관이다.

한편, 화교는 겉으로는 언제나 우호적이지만 실상은 경계를 풀지 않기 때문에 본심을 읽어내기가 어렵다. 화교 지인을 둔 사람 중에는 서로 막역한 관계라고 착각했다가 뒤통수를 맞는 일이 비일비재하다. 화교는 사적인 교제에서도 한결같지는 않다.

• 화교는 게으름을 피우지 않는다

중국인은 게으르다, 쉽게 포기한다, 끝마무리가 정확하지 못하다…….

중국인에 대한 인상은 대개 이렇게 부정적이다. 하지만 다른 나라에서 비즈니스를 해나가는 화교는 중국인과는 다르다. 이들은 자신의 이득을 위해서라면 일본인보다 훨씬 더 열심히 일한다. 실제로 자영업을 하는 화교는 결코 게으름을 피우지 않는다. 화교의 근면 성실함은 현지인들에게 신뢰를 얻고 비즈니스를 해나가기 위해 꼭 필요한 태도다.

예를 들어, 하루의 업무를 끝내고 퇴근하려고 할 때 거래처로부터 '내일, 견적서를 보내달라'는 요청을 받았다고 하자. 중국인이라면 "네, 내일 보내드리겠습니다" 하고 대답할 것이다. 일본인이라면 "내일 출근하는 즉시 보내드리겠습니다" 하고 말할 것이다. 그러나 화교는 결코 미루는 법이 없다. 그들은 "지금 당장 보내겠습니다" 하고 나서 바로 컴퓨터를 켤 것이다.

신뢰를 쌓기는 무척 어렵지만, 깨지는 것은 한순간이다. 조금이라도 불성실하면 타국에서 다른 민족들과 지속적인 관계를 맺기가 쉽지 않다. 화교는 그 어느 민족보다 '신뢰'라는 말의 무게감을 잘 알고 있다.

3장

기본은 인간관계!

인맥형성과 사교의 비법

'귀인'을
만난다

귀인(貴人)은 중국어로 '구이렌'이라고 읽고, '자신을 빛내줄 귀한 사람'을 말한다. 귀인은 비즈니스뿐만 아니라 삶 자체를 자신의 힘만으로는 도달할 수 없는 높은 곳으로 이끌어주는 사람을 뜻한다. 이런 사람과의 만남은 인생의 방향을 바꾸어주는 전환점이 된다. 내게는 화교 스승이 귀인이고, 스승을 만난 것이 내 인생의 전환점이자 대단한 행운이다.

귀인을 만나는 것은 단순히 사업상 중요한 사람을 만나는 것보다 훨씬 어려운 일이다. 직업이나 지위, 자산 같이 겉으로 드러난 요소만으로는 판별할 수 없기 때문이다. 그래서 화교나 중국인은 종종 사주점법으로 언제 귀인을 만날 수 있는지 점을 치기도 한다. 이들은 인생의 성공과 행복이 모두 귀인을 만나는 것에 달려 있다고 생각하기 때문에 금전운이나 연애운 같은 단순한 운세에는 별 관심이 없다.

화교는 비즈니스에서는 일관되게 신속함을 중시하는 반면 운명적인 만남은 언제까지라도 여유 있게 기다릴 줄 안다.

귀인을 만날 때까지는 '관심 없는 사람'에 주목한다

그렇다고 화교가 귀인을 만날 때까지 그저 기다리고만 있는 것은 아니다. 화교는 늘 주위 사람들의 장점만 보려고 하고, 그 장점을 자기 것으로 만듦으로써 스스로 성장해나간다. 여기서 화교의 두 가지 특성이 나온다.

- 화교는 다른 사람의 '장점만' 배우려고 노력한다.
- 화교는 '관심 없는 사람'의 장점을 배우려고 애쓴다.

다른 사람의 장점만 배우려고 노력하는 것은 누구나 쉽게 수긍할 수 있는 태도다. 어떤 사람이든 한두 가지 장점은 있게 마련이니 모든 사람에게서 장점을 배울 수 있다. 그런데 이왕이면 자신이 존경하거나 좋아하는 사람의 장점을 배우는 것이 낫지 않을까? 화교는 왜 굳이 관심 없는 사람의 장점을 배우려고 할까?

장점을 배운다는 것에 초점을 맞추면 호감이나 관심이라는 요소가 걸림돌로 작용할 수 있다. 자신이 좋아하는 사람에 대해서는 그 사람의 단점도 무의식적으로 받아들이게 되기 때문이다. 그의 매력은 장점과 단점이 모두 합쳐진 결과이기 때문에 분석적인 시각으로 장점만을 분리해서 생각하기가 쉽지 않다. 그래서 장점을 배워야 할 대상은 자신이 '관심 없는 사람'이어야 하는 것이다.

어릴 때부터 "절대 적을 만들지 말고 두루두루 사이좋게 지내라"라는 말을 들으면서 자라온 일본인은 가급적 모든 사람들과 좋은 관계를 유지하려고 한다. 그리고 상대를 좋아하기 위해서 억지로 장점을 찾아내고 단점을 보지 않으려고 노력한다.

화교의 사고방식에 따르면, 이런 태도는 일종의 '고행'이다. 화교들은 왜 그렇게까지 모든 사람들과 좋은 관계를 유지해야 하는지 이해하지 못한다. 굳이 좋아하지 않더라도 그의 장점을 배울 수 있다고 생각하면 관계가 어려울 것이 없다는 것이다.

귀인과의 만남에 대비해서 고전을 공부한다

최근 일본에서도 '멘토'를 찾아 그의 가르침을 받으려는 사람들이 늘어나고 있다. 하지만 현실에서 멘토를 찾는 것은 쉽지 않다. 주위에 멘토로 삼을 만한 사람, 존경할 만한 사람이 없다고 한숨짓는 이들이 적지 않다.

아직 멘토를 만나지 못했다면 그동안 시간을 헛되이 보내지 말고 자신의 교양과 품격을 높이기 위해 정진해야 한다. 멘토로 삼을 만한 사람이란 보통 사람들보다 인생경험이 풍부하고 지긋한 연배일 가능성이 높다. 그의 이야기를 이해할 수 있도록 틈틈이 다양한 공부를 해두는 것이 중요하다. 가장 좋은 방법은 고전을 많이 읽어두는 것이다.

화교는 상대가 공자와 손자의 가르침을 최소한이라도 알고 있지 않으면 아예 상대해주지 않는다. 나이 지긋한 경영자들은 최신 경영이론보다 고전적인 경영이론을 선호한다. 미래를 예측하기 어려운 시대일수록 고전을 찾는 사람들이 늘어나고, 온갖 새로운 이론에 기웃거리다가도 결국 고전으로 돌아가게 된다. 따라서 진부하다거나 어려울 것 같다는 이유로 고전을 멀리하는 것은 큰 손해다.

고전을 많이 읽어두면 현실적으로 귀인을 만날 기회도 늘어난다. 세상에 대한 통찰력과 훌륭한 사람을 알아보는 보는 안목이 생기기 때문이다. 평소 스스로를 갈고닦으며 잘 준비하고 있으면 앞으로 만나게 되는 수많은 사람들 중에서 귀인이 될 사람을 직감적으로 알아볼 수 있을 것이다.

화교의 가르침 · 24
귀인을 만나려면 귀인을 알아보는 안목을 길러야 한다. 다양한 고전을 공부해 세상에 대한 통찰력과 사람을 꿰뚫어보는 눈을 길러라.

상대가 먼저
이득을 보게 한다

화교의 인간관계 기술의 핵심은 상대가 먼저 이익을 얻게 만드는 것이다. 이때 이익이란 대부분 금전적인 것, 즉 돈을 말한다. 화교는 상대에게 먼저 돈을 베푸는 방식으로 인간관계의 넓이와 깊이를 확장해나간다.

그렇다고 하나를 준 뒤 두 배로 되돌려 받는 것을 노리고 그렇게 하는 것은 아니다. 자신을 믿고 따라줄 동료와 비즈니스 상대의 마음을 얻는 것이 1차적인 목적이다. 이때 중요한 것은 단 한 번의 관계로 끝내지 않고 몇 번이고 반복적으로 상대에게 이익을 제공하는 것이다.

화교는 자신의 호의를 상대에게 각인시킨다

내가 화교 스승에게 일을 배울 때의 일이다. 내가 스승의 제자가 된 지 얼마 안 된 어느 날, 스승이 봉투다발을 건네주며 우편 발송을 지시했다. 당시 나는 스승의 심부름을 도맡아 했으므로 스승이 내게 그 일을 시킨 것은 하나도 이상할 게 없었다.

그런데 스승이 건넨 봉투다발에는 우표가 하나도 붙어 있지 않았다. 나는 우표 값은 스승에게 배우는 수업료라고 생각하고 아무 것도 묻지 않은 채 내 돈으로 우표를 사서 우편을 발송했다. 그러자 스승은 수고했다며 내게 10만 원을 건넸다. 우표 값은 2만 원 정도밖에 들지 않았으니 간단한 심부름을 한 것치고는 상당히 큰 대가였다. 또 스승은 종종 내가 심부름을 하고 돌아오면 당시 내 수입으로는 갈 수 없는 고급 레스토랑에 데리고 가서 저녁식사를 사주기도 했다.

이처럼 예상치 못한 상당한 대가를 반복적으로 받게 되면 어떻게 될까? 그렇다. 특정 자극에 반사적인 반응을 보이는 '파블로프의 개'가 된다! 스승을 위해서 움직이면 반드시 큰 이득이 생긴다는 것이 머릿속에 각인되어 스승의 목소리가 들리면 조건반사적으로 "제가 하겠습니다" 하고 번쩍 손을 들게 되는 것이다.

당시 나뿐만 아니라 함께 근무했던 화교 동료들이나 중국인 유학생들은 모두 스승의 '파블로프의 개'였다. 그래서 스승의 지시가 떨어지기가 무섭게 금세 몸을 일으켜 움직이곤 했다.

화교는 비즈니스에서뿐만 아니라 일반 교제를 할 때도 상대에게 지속적으로 이득을 제공함으로써 '나와 교제하면 반드시 득이 된다'는 것을 각인시킨다. 몇 사람에게만 그런 사실이 각인되면 점점 더 많은 사람과 정보가 모여들게 된다. 또한 사소한 문제가 생기더라도 가장 먼저 편의를 제공받을 수 있고, 손쉽게 해결할 수 있다.

이처럼 화교는 먼저 상대에게 이득을 제공함으로써 상대의 마음을 얻는다. 그리고 지속적인 이득을 제공하여 자신의 '파블로프의 개'를 점점 늘려나간다.

10만 원짜리 저녁식사보다 5만 원짜리 점심식사

그런데 여기서 한 가지 의문이 생길 것이다. 화교 스승처럼 성공한 사업가도 아닌데 어떻게 상대에게 반복적으로 이익을 베풀 수 있느냐 하는 것이다. 그렇게 하다가는 교제비가 너무 많이 들어 파산할 것이라고 생각하는 사람도 있을 것이다.

하지만 그것은 돈 쓰는 방법을 모르기 때문이다. 예를 들어, 나는 아르바이트 직원들에게 회식비를 줄 때 이런 방법을 쓴다. 내가 고용하는 아르바이트 직원은 대개 세 명 정도다. 성실한 아르바이트 직원을 만나면 다음번에도 함께 일할 수 있도록 식사를 사주면서 먼저 호의를 베푼다. 이때 10만 원을 건네며 저녁 회식을 하라고 하는 게 아니라 5만 원을 주면서 점심을 먹고 오라고 말한다. 세 명이 10만 원으로는 값싼 선술집밖에 못 가기 때문에 호의를 얻는 데 효과가 별로 없다. 하지만 5만 원의 점심식사라면 제법 괜찮다. 내가 쓰는 돈은 반으로 줄어드는데 오히려 그들의 만족감은 더 커지는 것이다. 그들은 또 다시 아르바이트를 하러 올 가능성이 크다.

어떤가? 화교의 가르침을 실천하기 위해 반드시 큰돈을 쓸 필요는 없다. 얼마나 많은 돈을 쓰느냐보다는 상대에게 먼저 이득을 베풀고, 그것을 각인시키는 것이 중요하다.

화교의 가르침 · 25
상대의 마음을 얻으려면 '먼저' 베풀어야 한다. 그리고 상대를 내 편으로 만들려면 '지속적'으로 베풀어야 한다.

일단
'빚'을 만든다

상대에게 먼저 이익을 베푸는 방식은, 상대가 자신에게 빚을 지게 만들어 관계를 지속해가도록 유도하는 커뮤니케이션 기술이다.

이 기술은 자신이 상대보다 우위에 있을 경우에만 사용할 수 있다. 그럼, 자신보다 윗사람을 대할 때는 어떻게 해야 할까? 상대에게 빚을 지울 수 없다면 내가 상대에게 빚을 지면 된다! 일단 빚을 지면 되갚아야 하는 것이 인간의 도리이자 사회생활의 법칙이다. 따라서 빚을 갚으러 왔다는 구실을 만들어 상대와 소통할 기회를 만들면 된다.

이를 좀더 이해하게 쉽게 3단계로 나누어 설명해보겠다. 각각의 경우에 무엇을 빌리고 무엇을 갚아야 하는지 함께 생각해보자.

1단계 : 작게 빌려서 크게 갚는다

1단계는 자신보다 지위가 약간 높은 사람, 즉 개인적으로는 별 차이가 없지만 비즈니스 상으로는 상하관계에 있는, 거래처 담당자나 고객 등을 대상으로 한다. 이런 상대와 돈독한 관계를 맺고 싶을 때는 상대에게 부담이 되지 않을 정도의 작은 빚을 지는 것이 좋다.

예를 들어, 미팅이 끝난 뒤 "목마르시죠? 자판기 주스 한 잔 사드릴게요" 하며 자신이 대접하겠다고 하고는 "아차, 지갑을 차에 두고 왔네요. 죄송하지만 동전 좀 빌려주시겠어요?" 하며 일부러 빚을 진다. 그리고 다음에 "답례로 점심을 대접하고 싶은데, 기회 좀 주세요" 하며 식사자리를 만든다. 처음에는 상대가 사양하더라도 "전에 제가 실례를 해서 꼭 갚고 싶습니다" 하며 이유를 밝히면 웬만해서는 응해줄 것이다.

2단계 : 크게 빌린 다음 여러 차례 나누어서 갚는다

2단계는 자신보다 확실하게 지위가 높은 사람, 가령 평소 좀처럼 만날 기회가 없는 다른 부서의 상사나 임원 등을 대상으로 한다. 상대의 지위가 높아지면 그에 따라 빚도 커져야 한다.

"이사님은 유명한 프랑스 레스토랑을 잘 아시지요? 정말 부럽습니다. 제가 다음주에 VIP 고객을 접대해야 하는데 프랑스 식사예절을 잘 몰라서 긴장이 됩니다. 예습을 할 겸 저를 데려가주실 수 없을까요?" 하며 간곡히 부탁을 해서 식사자리를 만든다. 지위가 높은 사람은 회사 경비를 자유롭게 쓸 수 있으니 체면이나 자존심만 세워주면 금액은 크게 문제가 되지 않는다.

그리고 다음날 답례로 유명 제과점의 쿠키나 적당한 가격의 와인을 들고 가서 이렇게 말하는 것이다.

"어제 저를 프랑스 레스토랑에 데려가주신 것을 10의 빚이라고 생각하고 있습니다. 오늘 이 선물은 그중 1을 갚은 것입니다. 남은 9도 꼭 갚을 테니 기다려주세요."

이로써 높은 지위의 사람과 몇 번이고 다시 만날 수 있게 된다. 상대방도 자기에게 접근하는 목적을 짐작하면서도 '이 녀석 제법인 걸' 하며 관심을 갖고 지켜봐줄 것이다.

3단계 : 힘을 빌리고 일로써 갚는다

3단계는 이른바 '거물'을 대상으로 한다. 업계에 영향력을 행사할 만한 권력자나 정치가 등이 해당한다. 내 스승도 여기에 속한다.

이들과는 만나는 것 자체가 무척 어렵지만 자신의 노력으로 기회를 붙잡을 수밖에 없다. 일단 기회를 잡았다면 그들에게 돈이나 물건이 아니라 '힘'을 빌려야 한다. 이때는 어설픈 시나리오 같은 것은 준비하지 말고 단도직입적으로 "제 사업에 힘을 빌려주십시오" 하며 고개를 숙이는 것이 최선이다. 그리고 "이 빚은 제가 사업을 성공시켜 반드시 갚겠습니다" 하고 당당하게 말한다.

사람들은 대개 권력자에게 힘을 빌려달라고 당당하게 말하지 못한다. 힘을 빌린 뒤 갚지 못하면 뒷일을 책임질 수 없다는 생각 때문에 뒷걸음질을 치는 것이다. 즉, 거물로부터 힘을 빌리기 위해서는 나름의 각오가 필요하다. 뒤집어 말하면 그 정도 각오가 되어 있는 사람이라면 충분히 사업을 성공시켜 빚도 갚을 수 있을 것이다.

거물의 힘을 빌리지 않고는 올라설 수 없는 위치를 목표로 삼고 있다면, 그만큼 자신의 수준도 끌어올리지 않으면 안 된다. 거물에게 힘을 빌려달라고 당당하게 말할 수 있는 배짱과 각오 정도는 있어야 한다는 말이다. 이때는 상대에게 빚을 지는 목적이 관계를 맺기 위한 단순한 구실이 아니라 사업을 성공시키겠다는 강력한 동기가 된다.

그런데 한 가지 유의할 점이 있다. 반드시 빚을 갚겠다고 단언했지만, 사실 자신보다 지위가 높은 사람에게 진 빚은 절대 갚을 수가 없다. 10억 원을 빌려서 10억 원을 모두 갚았다고 해도 그것은 제대로 갚은 것이 아니다.

예를 들어, 내가 스승에게 20만 원짜리 식사를 얻어먹고 나중에 20만 원의 식사로 답례했다 해도 그것은 갚은 것이 아니다. 식사자리에서 나는 20만 원보다 몇십 배 큰 가르침을 얻었기 때문에 되갚기는커녕 오히려 스승의 시간과 지혜를 또 다시 빌린 것이 된다.

윗사람에게 큰 빚을 지면 그것을 되갚기 위한 노력하게 되고, 그 과정에서 자연스럽게 자신의 수준도 상당 부분 향상된다. 따라서 그 은혜를 잊지 않고 항상 감사의 마음을 유지해야 한다.

화교의 가르침 · **26**
인간관계에서 빚을 지는 것은 관계를 지속할 수 있는 보험을 드는 것과 같다. 윗사람에게는 <u>스스로 나서서 큰 빚을 져라.</u>

싫은 사람일수록
다가간다

화교의 커뮤니케이션 방식에서 빼놓을 수 없는 것이 바로 식사를 함께 하는 것이다. 화교는 상대가 누구든지, 목적이 무엇이든지 같이 밥을 먹으면서 비즈니스를 도모한다. 이들은 여러 사람이 한꺼번에 모이는 식사모임을 자주 갖는데, 그중에는 꼭 껄끄러운 사람도 몇 명 끼어 있다. 어쩔 수 없이 부르는 것이 아니라 일부러 껄끄러운 사람들을 초대하는 것이다.

화교는 껄끄러운 사람과 함께 밥을 먹기 위해서 다른 많은 사람들을 초대한다고 해도 과언이 아니다. 아무리 불편하고 싫은 사람이라 하더라도 다수의 사람들 속에 섞여 있으면 '싫은 정도'가 좀 옅어지고 불편한 마음도 희석되기 때문이다. 과연 이렇게까지 해서 싫은 사람과 교제할 필요가 있을까? 화교는 절대 이득이 없는 일은 하지 않는다. 이러한 행동에는 마땅한 이유가 있다.

'껄끄러운 사람'은 자신의 약점을 보완해준다

껄끄럽고 불편한 상대는 대개 자신과 다른 가치관을 지닌 사람, 즉 코드가 맞지 않는 사람이다. 이런 사람과 사업 이야기를 하다 보면 "당신 생각이 틀렸다", "그 판단은 옳지 않다" 하며 서로 비난하거나 험악한 분위기가 조성되기 쉽다. 그래서 그런 상대와는 보통 일정한 거리를 두고, 대화도 화제를 가려서 하게 마련이다.

그러나 화교는 반대로 생각한다. 화교는 껄끄러운 사람일수록 곁에 두고 교제할 가치가 있다고 생각한다. 마음에 들지 않는 사람을 멀리하면 사고방식이나 정보가 한쪽으로 치우치게 되고, 한쪽으로 치우치면 결국 중요한 판단을 그르치게 된다는 것이다.

자신과 가치관이 다르다는 것은 자신에게는 생소한 논리구조나 정보를 갖고 있다는 뜻이기도 하다. 따라서 껄끄러운 사람과의 만남을 통해서 자신에게 부족한 것을 얻을 수 있다.

화교는 사람을 사귈 때도 균형을 중시한다. 좋아하는 음식만 먹고 특정 영양소만 섭취하면 결국 영양결핍이나 질병에 노출되는 것처럼 인간관계도 마찬가지다. 자신과 비슷한 사람들만 교류하다 보면 일과 인간관계 양쪽 모두 불균형이 일어난다. 같은 가치관을 지닌 집단은

리더가 잘못된 결정을 할 때 대안을 내놓을 수 없기 때문에 결정적인 위험에 직면하게 되는 것과 동일한 이치다.

화교는 이득이 된다면 자신과 다른 방식도 적극적으로 흡수하려고 노력한다. 처음에는 자신의 방식을 고집하다가도 결과적으로 상대편이 잘되면 순순히 인정하고 상대의 것을 스스럼없이 받아들인다.

한편, 코드가 맞지 않은 사람은 그만큼 적이 될 가능성도 크다는 것을 화교는 본능적으로 알고 있다. 껄끄럽고 싫은 상대는 인간관계를 유지해나가는 데 잠재적인 불안요소가 될 수 있다. 때문에 화교는 항상 이들의 동향을 파악하고 주의를 놓치지 않는다. 무방비 상태에서 공격을 받으면 치명상을 입을 수도 있기 때문이다. 이런 상황을 예방하기 위해서라도 일부러 싫은 사람을 식사자리에 초대해서 그들의 정보를 탐색하는 것이다.

껄끄러운 사람과 교제하는 비결은 단순하게 사고하기

여기까지 읽고, 앞으로는 껄끄러운 사람들과 적극적으로 교제해야겠다고 생각하는 사람들이 있을 것이다. 하지만 이런 방식은 반드시 역효과가 난다. 싫은 사람과 잘 지내기 위해서는 가벼운 마음가짐이 필요하다. 모임에서 함께 놀러갈 기회가 생겼다면, 싫은 사람한테도 함께 가자고 슬쩍 말을 던지는 정도가 딱 좋다.

요컨대 다른 사람들이 내가 상대를 싫어하는 것을 눈치 채지 못할 정도로만 관계를 유지하면 된다. 무리해서 사이좋게 지내려고 애쓰거나 많은 시간을 공유하지 않아도 된다. 그러나 대화를 나눌 기회가 생기면 피할 필요는 없다. 상대와 이러저런 이야기를 하다가 의외로 잘 통한다고 느껴질 수도 있기 때문이다.

일이든 인간관계든 너무 잘하려고 노력하거나 진지하게 접근하면 오히려 잘 풀리지 않는다. 가볍게, 단순하게, 유연하게 생각하는 것이 문제를 해결하는 비법이다.

화교의 가르침 · 27

음식을 편식하면 영양 불균형이 생기는 것처럼, 사람을 가려서 사귀면 인간관계에 문제가 생긴다. 껄끄럽고 불편한 상대가 오히려 자신의 약점을 보완해줄 수 있다.

호불호와 교제를
혼동하지 않는다

세상 모든 사람과 교제할 수는 없다.

내가 만난 모든 사람은 소중한 인연이다.

인연이 생긴 사람과는 좋고 싫음에 상관없이 교제를 시작해야 한다.

나와 상대의 감정은 교제를 지속해나감에 따라 달라지기 마련이다.

따라서 지금 상대가 싫다고 해서 교제를 하지 않는 것은 큰 손해다.

화교는 인간관계에 대해 기본적으로 이런 생각을 갖고 있다.

화교는 사람과의 만남을 가장 소중한 기회로 생각한다. 이런 사고 방식이야말로 화교의 강인함과 상냥함의 원천이며 화교 비즈니스의 결정적인 성공 원인이다.

어느 누구와도 기꺼이 교제를 시작한다

사람을 사귈 때 잘 가려서 사귀어야 한다는 말을 흔히 한다. 그런데 생각해보면 굳이 가려서 사귈 만큼 우리가 많은 관계를 맺고 있고 있거나 인맥이 넘쳐나는 것은 아니다.

일본의 인구는 약 1억 3천만 명이고 중국은 약 13억 4천만 명이다. 그중에서 우리가 일상적으로 만나는 사람의 수는 손으로 꼽을 만한 정도다. 우리가 평생 만날 수 있는 사람은 과연 몇 명이나 될까? 평범한 사람이라면 직접 얼굴을 마주보며 대화를 나눌 만한 사람이 세 자리 수도 안 될 것이다. 그런데도 어렵게 만남의 기회를 얻게 된 사람을 스스로 잘라버리는 것은 너무나 어리석은 일이다.

가치관과 감성이 다르고 능력과 사상의 수준이 차이가 난다 해도, 우리는 다양한 개성과 사귐을 통해서 반드시 새로운 것을 배우고 발견할 수 있다. 직접적인 해악을 끼치거나 손해를 주지 않는 이상, 자신에게 도움이 되지 않는 사람은 없다. 화교는 자신의 체면을 망가뜨리지 않는 한 어느 누구와도 기꺼이 교제를 시작하고 관계를 이어나간다.

자기 자신과 잘 소통하는 사람이 타인과도 잘 소통할 수 있다

커뮤니케이션에는 두 가지 종류가 있다. 자기 자신과의 커뮤니케이션과 다른 사람과의 커뮤니케이션이다. 자신과 잘 소통하는 사람은 타인과도 어려움 없이 소통할 수 있다. 자신의 감정을 잘 제어하면 껄끄럽거나 불편한 사람과 교제하는 것도 크게 어렵지 않다.

사람들이 가장 싫어하는 일 중에 하나가 싫은 사람과 단둘이 식사하는 것이다. 싫은 사람과 밥을 먹으면 체한다거나 소화가 안 된다고 말하는 사람들이 있다. 하지만 아무리 식사자리가 거북하다 하더라도 길어야 두 시간 정도다. 겨우 그 시간조차 참지 못하는 사람이라면 자기의 감정을 잘 제어하지 못한다는 평가를 받을 수밖에 없다.

개를 키우고 싶지만 무서워서 못 기른다는 사람들도 마찬가지다. 앞에서 화교가 애완동물을 기르는 이유는 많은 사람들과 쉽게 교제하기 위해서라고 했다. 화교들은 개가 무섭고 귀찮아도 그 정도의 단점은 기꺼이 감수하고 개를 키운다. 개를 매개로 여러 사람들과 어울릴 수 있고 친근한 관계를 맺을 수 있는 장점이 더 크기 때문이다.

화교의 사고방식은 결코 복잡하지 않다. 그들의 논리는 단순명쾌하다. 화교는 자신에게 이득이 된다면 단점도 기꺼이 감수하고, 싫은 사람도 아무렇지 않게 대한다. 이들은 자신의 감정조차도 매우 효율적으로 사용한다. 상대에 대한 부정적인 감정 때문에 비즈니스 기회를 놓친다거나 쓸데없는 갈등을 만들어 에너지를 소모하는 일은 결코 하지 않는다.

물론 화교의 방식이 반드시 옳다는 것은 아니다. 하지만 화교가 '자기통제의 달인'인 것은 분명하다. 자기통제를 잘하는 사람은 개인적인 호불호와 교제를 혼동하지 않는다. 이들은 사소한 감정 때문에 큰 이득을 놓치지 않는다. 화교는 어떤 태도가 자신에게 이득이 되는지 파악한 뒤 유리한 방향을 선택할 줄 안다.

화교의 가르침 · 28

화교는 좋고 싫음을 떠나 유리한 방향을 선택할 줄 안다. 인간관계에서도 마찬가지다. 싫은 일도 기꺼이 해내고 불편한 사람과도 잘 소통하는 사람은 반드시 사업에 성공할 수 있다.

물건 하나를 살 때도
인맥을 만든다

당신은 물건을 살 때 가장 먼저 무슨 생각을 하는가? 대부분의 사람들은 어디서 살지를 먼저 생각한다. 가장 싼 곳, 편리한 곳이 우선순위에 오르기 마련이다. 그럼, 이득을 최우선으로 여기는 화교는 물건을 살 때 무슨 생각을 먼저 할까?

화교는 쇼핑을 할 때도 독특한 원칙을 갖고 있다. 옷이나 생활용품처럼 간단한 것부터 집이나 자동차처럼 목돈이 드는 것까지, 어떤 것이든 화교는 아는 사람에게서 사는 것을 원칙으로 한다. 필요한 상품을 취급하는 지인이 없으면 지인의 지인을 소개받아서라도 반드시 아는 사람을 통해 구매한다. 철저하게 인맥을 통해서 물건을 사는 것이다. 이들이 얼마나 인맥에 집착하느냐 하면, 물건을 사야 할 가게가

정해지면 먼저 그 가게와 인맥이 있을 듯한 사람을 수소문하는 것부터 시작할 정도다.

돈을 쓸 때야말로 인맥을 만드는 절호의 기회

매사 효율성을 중시하는 화교들이 물건 하나를 살 때도 이렇게 번거로운 방식을 취하는 이유는 무엇일까? 화교에게 쇼핑은 단순히 물건을 사는 것이 아니라 커뮤니케이션의 중요한 기회이기 때문이다. 지인의 소개로 찾아왔다고 말하면 일단 소개한 사람의 체면을 세워줄 수 있다. 또한 가게 주인과도 쉽게 우호적인 관계를 만들 수 있다. 화교는 이런 방식으로 지인의 지인들과도 점점 새로운 인맥을 형성해 나간다. 화교는 어차피 돈을 써야 한다면, 그 과정에서 새로운 인맥을 만들도록 노력하는 것이 당연하다고 생각한다.

최근 나는 스마트폰을 교체할 때 지인이 일하는 통신사로 이동했다. 업무용 양복이나 가방 등도 반드시 아는 사람의 가게에서 구입한다. 물론 지인이라고 해서 특별히 싸게 해주는 것도 아니고, 내가 큰 이득을 보는 것도 아니다.

가격만 놓고 본다면 여러 인터넷사이트에서 가격을 비교한 뒤 인터넷으로 사는 편이 훨씬 이득이다. 사실 대부분의 사람들이 이런 방식으로 물건을 구입하고 있다. 하지만 이때는 얼굴을 마주한 소통이 일어나지 않고, 새로운 비즈니스 기회로 연결될 새로운 인맥도 만들 수 없다.

단순히 물건을 살 때도 어떤 것에 초점을 맞추느냐에 따라서 더 큰 가치를 얻을 수 있다. 화교는 물건을 조금 더 싸게 샀다고 기뻐하고 자랑하는 것은 비즈니스 하수들이나 하는 행동이라고 생각한다. 평생 싼 물건만 찾아다니는 사람은 평생 사소한 관계밖에 만들지 못하는 것이다.

돈을 쓸 때야말로 인맥 만들기에 가장 유리한 기회다. 어차피 돈을 써야 한다면 좀더 지속적이고 중요한 관계를 만들 수 있는 비즈니스 파트너를 찾아보는 것이 현명하다.

화교의 가르침 · 29

쇼핑은 인맥을 만들 수 있는 좋은 기회다. 무조건 싼 물건을 찾아다니는 것보다 지속적이고 중요한 관계를 맺을 수 있는 가게를 소개받는 것이 더 현명하다.

화교 사회에 빈곤층이 없는 이유 1

유대인이라고 하면 바로 부자를 연상하는 것처럼 화교 역시 부자의 대명사가 되어 있다. 화교가 모두 부자인 것은 아니지만 가난에 시달리는 화교의 모습은 좀처럼 상상이 되지 않는다. 화교가 부자가 될 수 있는 비결은 무엇이고, 비록 부자는 아니어도 최소한 돈 걱정은 하지 않고 살아갈 수 있는 이유는 무엇일까?

• 시대를 읽고 앞서나가는 진취적인 기질

화교의 성공 비결 중 가장 중요한 것은 진취적인 기질이다. 세계를 무대로 비즈니스를 하는 화교는 시장에 대한 통찰력이 뛰어나다. 이들은 발전 가능성이 있는 나라나 비즈니스 분야에는 언제나 한 발 앞서서 진출한다.

일본 언론들은 최근에야 비로소 "아시아는 이미 끝났고, 다음은 아프리카다"라며 호들갑을 떨고 있다. 하지만 화교가 아프리카에 진출하기 시작한 것은 이미 십 년도 훨씬 이전의 일이다. 그때부터 현재까지 화교는 아프리카의 석유와 다이아몬드 채굴, 인프라 정비 등에서 큰 영향력을 발휘하고 있다.

아시아의 유망시장으로 꼽히는 말레이시아, 베트남, 캄보디아 등에서 화교의 영향력은 더욱 두드러진다. 그 나라의 현지 대기업들은 대부분 화교와 긴밀한 비즈니스 관계를 맺고 있다.

• 손해에 집착하지 않고 또 다른 기회를 만들어내는 도전정신

이처럼 화교는 새로운 시장을 개척하거나 신규 비즈니스를 전개하는 데에는 세계 최고다. 한편, 화교는 시장 전망이 틀렸거나 더 이상 시장성이 없다는 판단이 들면 철수하는 속도도 무서우리만치 빠르다. 이들은 깨끗하게 손절한 뒤 다음 기회를 잡으러 간다.

화교가 손해에 집착하고 매달렸다면 전 세계를 상대로 비즈니스를 펼칠 수 없었을 것이다. 안정적인 장소에서 안정적인 일만 하겠다는 생각으로는 새로운 기회를 잡을 수 없을뿐더러 큰돈도 벌 수 없다. 화교는 실패를 두려워하지 않고 끊임없이 도전하는 배짱과 투혼을 가지고 있다.

그럼 화교들은 현재 일본의 기업들을 어떻게 바라볼까? 오래 전 내 스승이 일본에 건너온 것은 당시 일본의 고도성장을 예측했기 때문이다. 하지만 성장동력을 잃어버린 지금의 일본은 그들에게 무의미한 나라일까? 대답은 '아니오'이다.

지금 화교들은 일본의 증권시장에 주목하고 있다. 그들에게 일본은 여전히 매력적인 투자처다. 이것이 화교가 여전히 일본으로 이주해오고 있는 이유다.

4장

일반인과는 크게 다른
돈에 대한 생각

자기 돈을
쓰지 않는다

화교 집단의 보스와 그의 인적 네트워크에 속한 자산가들은 결코 돈을 묵혀두지 않는다. 돈이 많은 사람일수록 적극적으로 투자해서 돈을 계속 불려나간다. 때문에 화교 사회의 일원이 되면 비록 자신은 무일푼이라도 그들에게 투자를 받아 사업을 시작할 수 있다.

그래서 화교 보스 곁에는 맨몸으로 조국을 떠나온 사업가 지망생이나 이따금 나처럼 무모한 일본인들이 끊임없이 모여든다. 그렇다고 화교 사회가 원하는 사람을 다 받아줄 만큼 호락호락한 세계는 아니다. 좋은 아이디어만 있다고 손쉽게 투자를 받고 사업을 시작할 수 있는, 꿈같은 일은 일어나지 않는다.

화교 사회의 관문을 통과하기 위해서는 보스에게 인정을 받아야 한다. 그 조건은 본인의 능력과 성공하고자 하는 의지, 진정성 등이다.

새로운 사람을 받아들여 자기 무리를 늘리는 것은 화교 보스의 중요한 미션이기도 하다. 이 미션의 목적은 두 가지다. 첫째, 자기 무리에게 투자해서 더 큰 이득을 창출하는 것이다. 둘째, 자신의 세력을 확대함으로써 보스로서의 체면을 유지하는 것이다. 즉, 화교에게 사제관계는 일종의 수요와 공급의 관계인 셈이다.

보스로부터 자금을 투자받아 사업을 시작한 제자는 '보스 덕분에 지금의 자신이 있다'라고 주위에 선전해서 보스의 체면을 세우고, 사업에서 이익이 생기면 마땅히 그 이익을 보스에게 환원해야 한다. 게다가 명절은 물론이고 시시때때로 선물을 마련해서 보스를 찾아가야 한다. 따라서 보스는 여러 명의 유능한 제자들을 길러냄으로써 자신의 돈을 쓰지 않고 더 큰 이득을 보장받는 생활을 누리게 되는 것이다.

이러한 화교 사회의 주고받기 방식은 수요와 공급의 합치, 그리고 계속적인 소통을 전제로 한 등가교환 방식으로 볼 수 있다.

돈을 쓰지 않고도 원하는 물건을 손에 넣을 수 있다

우리는 흔히 갖고 싶은 물건을 손에 넣는 수단이 돈밖에 없다고 생각한다. 당장 돈이 없으면 저축하여 모으려고 하거나 아예 포기한다.

그러나 돈은 단지 물물교환의 편의를 위해 생겨났을 뿐이다. 물품이나 서비스의 대가로 돈을 지불해야 한다는 규칙이 절대적인 것은 아니다. 물론 현대 사회는 화폐 경제가 기본이지만, 기업이나 상점이라고 해서 반드시 판매대금을 돈으로만 받는 것은 아니다. 이 점을 이해하면 돈이 없어도 원하는 것을 얻을 수 있다.

나는 종종 물물교환 방식으로 원하는 물건을 손에 넣어왔다. 대학 시절, 어느 날 나는 데님 숍에서 무척 마음에 드는 빈티지 진을 발견했다. 그 청바지는 80만 원이나 하는 고가품이어서 당시 내 주머니 사정으로는 구입할 수 없었다. 그래서 주인에게 이렇게 부탁했다.

"이 청바지가 무척 마음에 들어서 정말 갖고 싶은데 지금 용돈이 여유가 없어요. 제가 갖고 있는 브랜드 진 세 벌과 교환해주실 수 있을까요?"

당신이 주인이라면 어떻게 반응했을 것 같은가? 결과는 해피엔딩이었다! 물론 물물교환이 간단히 이루어지지는 않았다. 처음에는 보기 좋게 거절당했다. 하지만 나는 포기하지 않고 내 브랜드 진 세 벌을 가져와 직접 보여주고 그만한 가치가 있다는 것을 설명했다. 그렇게 몇 차례 협상한 끝에 결국 나는 원하는 빈티지 진을 손에 넣을 수 있었다.

만일 빈티지 진을 사고 싶은 목적이 중요한 첫 데이트 때문이라면 어떨까? 그렇다면 굳이 살 필요 없이 그날만 멋지게 차려입으면 된다. 그럼 다음과 같이 협상을 시도해볼 수 있다.

"이 청바지를 4만 원에 하루만 빌려줄 수 있을까요? 제 연락처를 알려드리고, 혹시 흠집이 발견되면 마땅히 변상하겠습니다."

소통 없이 성공 없다

당신이라면 어떻게 하겠는가? 굳이 그렇게까지 할 바에야 차곡차곡 돈을 모아서 사겠다고 생각하는가? 물론, 소통이나 협상은 번거롭고 까다로운 일이다. 하지만 화교는 이런 번거로운 일을 서슴지 않고 꼭 해낸다. 그럴수록 점차 소통능력과 협상력, 설득력도 상승한다. 이런 능력이 있기 때문에 자신은 무일푼이라도 돈 많은 자산가로부터 투자받아 사업을 시작할 수 있고, 자신도 부자가 될 수 있는 것이다.

이 장은 어떻게 돈을 벌 것인가를 주제로 다루지만 인간관계와 시간관리 등 모든 성공법칙에서 빼놓을 수 없는 것이 바로 소통기술이다. 단 한 번이라도 좋으니, 물물교환으로 돈을 쓰지 않고 원하는 물건을 손에 넣는 경험을 해보라. 당신의 세계관을 완전히 바꿀 수 있는 계기가 될 것이다.

화교의 가르침 · 30

돈이 없어도 얼마든지 원하는 것을 손에 넣을 수 있다. 이 능력을 기르면 무일푼으로도 사업을 시작하고 큰돈을 벌 수 있다.

거두어들이는 돈과
주는 돈이 따로 있다

화교 부자들은 자기 무리에게는 놀랄 만큼 적극적으로 투자한다. 자신이 믿는 사람에게는 상대가 제안한 금액보다 수십, 수백 배 큰 액수도 아무렇지 않게 투자하는 것이 화교 부자들이다. 하지만 이때도 원칙이 있다. 화교는 같은 무리라 해도 수익 계산만큼은 칼같이 한다.

내가 의료기기 제조회사를 시작하려고 투자자들을 모을 때의 일이다. 나는 화교 스승의 인맥을 이용해 여러 명의 화교 부자들에게 투자 제안을 했다. 화교 스승과의 신뢰 덕분에 대부분의 이들이 그 자리에서 즉시 투자하겠다고 수락했고, 나는 쉽게 투자금을 확보할 수 있었다. 하지만 이후 수익 배분 내용을 확정하기 위해서는 무척 오랜 시간 까다로운 과정들을 거쳐야 했다.

화교 부자들은 다양한 방식으로 수익을 요구했다. 어떤 사람은 투자 경영 비자를 만들어달라고 요구했고, 어떤 이는 매출에 대한 일정 수익을 요구했으며, 또 어떤 이는 자신이 직접 경영에 참여할 것을 조건으로 내세웠다. 그중에는 10년간 어떤 수익도 받지 않을 테니 10년 뒤에 무엇을 주겠느냐며 나를 시험하는 이도 있었다.

여러 차례 말했지만 화교의 비즈니스에는 정해진 룰이 없다. 수익 배분도 마찬가지여서 각자 요구하는 바가 제각각이다. 하지만 두 가지 공통점이 있다. 첫째, 투자 목적은 단 하나, 수익을 얻기 위해서라는 것. 둘째, 수익 배분 방식은 자신에게 가장 유리한 방식이어야 한다는 것이다. 화교는 비즈니스를 할 때 모든 방식과 가능성을 열어두고 자신에게 가장 유리한 것을 선택한다. 그리고 상대에게 그것에 따를 것을 요구한다.

투자금 회수가 힘들다고 판단하면 즉시 손절한다

그러나 비즈니스를 하다 보면 예상한 수익을 얻지 못하는 것이 다반사다. 수익은커녕 점점 손해만 보는 경우도 생긴다. 이럴 때 화교는 어떻게 할까? 상대의 상황을 보고 투자금 회수가 힘들다는 판단이 들면 화교는 미련 없이 손절(損切)한다.

실제로 상대가 돈이 없는 상태라면 아무리 돌려달라고 압박한들 투자금을 회수하기는 어렵다. 그런 상황에서 상대를 궁지로 몰아넣으면 오히려 더 큰 손해를 입을 수도 있다. 궁지에 몰린 쥐가 고양이를 무는 일이 일어날 수도 있는 것이다. 아무런 이익이 없는 싸움으로 상처를 내봤자 서로에게 손해기 때문에 화교는 상대를 용서하고 깨끗이 돈을 포기한다.

화교끼리 비즈니스를 할 때는 사업이 실패해 투자금 회수가 불가능한 상황까지 미리 예측에 넣어둔다. 따라서 차용증이나 계약서를 주고받는 일이 매우 드물다. 투자하는 쪽이나 투자받는 쪽 모두 체면과 신용을 담보로 거래를 시작하기 때문에 굳이 계약서를 쓰지 않아도 문제가 없다.

또한 사업에 실패했다고 해서 화교 사회에서 쫓겨나는 일도 거의 없다. 특히 화교 사회의 보스나 부자들로부터 능력을 인정받은 사람은 크게 실패한 뒤에도 몇 번이고 만회할 기회를 부여받는다.

화교들이 자주 사용하는 말 중에 "돈으로 시간을 산다"는 말이 있다. 그들에게 시간과 돈은 동일한 가치를 가진다. 화교들은 귀중한 시간을 들여 확률이 낮은 투자금 회수에 매달리기보다는 그 시간에 더 중요한 일을 하는 것이 이득이라고 생각한다. 이런 점에서 손해에 대해 깨끗하게 손절하는 화교의 태도는 오히려 수익에 대한 욕망과 비즈니스에 대한 각오를 잘 드러내는 것이다.

반대로 직장인들이 주식이나 펀드 등에 투자하여 큰 손실을 본 경우, 대부분 손실을 포기하지 못하고 원금이라도 건지려고 분투한다. 그것은 자신의 시간을 팔아서 월급을 받는, 즉 '시간을 돈으로 사는'

감각이 배어 있기 때문이다.

화교는 비즈니스를 시작할 때 반드시 성공을 전제로 한다. 그들은 더 이상 물러설 곳이 없다는 각오로 일에 집중하기 때문에 헛수고가 될 만한 행동을 거의 하지 않는다. 따라서 최선을 다했는데도 불구하고 손해를 볼 수밖에 없다면 미련 없이 떠나는 것이 당연하다고 생각한다. 무리하게 만회하려고 하는 것이 오히려 헛수고임을 화교들은 잘 알고 있다.

원금을 되돌리려고 하면 할수록 손실이 늘어난다

손절이라고 하면 흔히 주식이나 펀드 등의 투자를 연상하게 된다. 하지만 일상생활에서도 원금을 회수할 것인지 혹은 손절할 것인지를 선택해야 할 순간이 많이 있다. 이때 어느 쪽을 선택하느냐에 따라 비즈니스 감각이 드러난다.

예를 들어, 물건을 잘못 산 경우를 생각해보자. 취미로 사진을 찍는 사람이 무리하게 프로급 화상 처리 소프트웨어를 구입했는데 작동법이 너무 어려워서 활용할 수 없는 경우가 있다. 또는 요리를 막 배우기 시작한 사람이 외국산 고급 냄비를 구입했는데 너무 무거운데다 손질이 까다로워서 쓰기가 불편한 경우도 있다.

이때 "잘못 샀어. 하지만 비싼 거니까 쓰지 않으면 손해야" 하고 불편을 감수하며 계속 사용하는 사람이 있고, "이건 내게 맞지 않으니까

버리고 더 쓰기 편한 걸로 새로 사자" 하며 지체 없이 단념하는 사람이 있다. 둘 중 비즈니스 감각이 더 뛰어난 사람은 당연히 후자다.

취직이나 전직을 잘못 결정한 경우도 마찬가지다. 손해를 만회하려는 생각을 가진 사람은 현재의 자리를 포기하고 다음으로 나아갈 수 없다. 자신에게 맞지 않는 줄 알면서도 조금 더 참으면 얻는 게 있을지 모른다고 합리화하며 쓸데없는 시간을 낭비하게 된다.

손실을 인지하고 나서 손절하기까지의 시간은 짧으면 짧을수록 이득이다. 잘못 구매한 물건이 아깝다면 그것을 잘 쓸 수 있는 사람에게 선물하는 것이 현명하다.

나 역시 사업을 하는 동안 수많은 손실을 냈지만 모두 수업료라 생각하고 깨끗이 손절한 뒤 전진했다. 잃어버린 원금을 찾으려고 집착했더라면 분명 지금도 앞으로 나아가지 못하고 길에서 헤매고 있을 것이다. 내 경험상 손해에 대해 깨끗이 손절하는 순간 온갖 부정적인 감정도 동시에 잘라낼 수 있다. 그리고 그 다음부터 더욱 풍요로운 인생 길을 걸어갈 수 있다.

화교의 가르침 · 31

화교는 수익 계산은 철저히 하되 손해에 집착하지 않는다. 손해에 집착하면 더 이상 앞으로 나아갈 수 없기 때문이다.

돈으로
속도와 완성도를 산다

사야 할까, 사지 말아야 할까? 많은 사람들이 제품이나 서비스를 구매할 때 한 번에 결정하지 못하고 망설인다. 나 역시 여러 제품을 두고 가격과 품질 등을 비교 검토하느라 시간을 끌거나 좀더 좋은 조건이 나타나기를 기대하며 기다리는 경우가 있다. 이때마다 나는 화교 스승에게 크게 꾸중을 듣곤 했다. 화교는 시간을 돈과 동급으로 두기 때문에 시간을 끌수록 손해라고 생각한다.

물론 화교도 인간인 만큼 쉽게 결정하지 못하고 망설이는 경우도 있다. 때문에 이들은 제품이나 서비스를 구매할 때 아주 간단한 원칙을 정해두고 그에 따라 행동한다. 이 원칙에 따르면 대부분의 경우 망설이지 않고 즉시 결정할 수 있다.

- 비즈니스 관련 물건을 구매할 때 망설여진다면 더 이상 시간을 끌지 않고 무조건 산다.
- 기호품을 구매할 때 단 한 번이라도 망설여진다면 절대 사지 않는다.

사무실의 의자가 덜컹거려 불편한데 살까 말까 고민된다면 어떻게 할까? 의자가 덜컹거리기 시작했다면 시간이 지날수록 점점 더 의자가 망가질 것이고 그에 따라 업무에도 지장이 발생할 것이다. 따라서 어차피 사야 할 물건이라면 더 이상 고민하느라 시간을 끄는 것은 큰 낭비다. 이때는 당장 의자를 주문하는 것이 현명하다.

반면, 유행하는 티셔츠를 사고 싶은데 망설여진다면 어떻게 할까? 유행하는 티셔츠는 기호품으로, 티셔츠를 사지 않아도 생활이나 비즈니스에 지장을 초래하지 않는다. 하지만 살까 말까 망설이느라 시간을 끄는 것은 큰 낭비다. 따라서 시간을 낭비하지 않기 위해 사지 않는 것으로 결정하고 즉시 잊어버린다. 하지만 꼭 갖고 싶은 티셔츠라서 쉽게 잊히지 않는다면, 망설이며 시간을 끄는 것보다는 빨리 사는 것이 현명하다.

'돈을 낳는 물건'에 돈 쓰는 것을 아껴서는 안 된다

비즈니스와 관련된 물건은 이른바 '돈을 낳는 물건'이다. 이런 것들에 돈 쓰는 것을 아까워해서는 더 큰돈을 벌 수 없다. 특히 최근에는 최첨단 기술을 기반으로 한 새로운 비즈니스 도구가 쏟아지고 있다. 누가 먼저 이런 도구를 활용하느냐에 따라 비즈니스의 성패가 갈리기도 한다.

나는 화교의 물건 구매 원칙에 따라 애플의 아이패드가 발매되자마자 망설이지 않고 즉시 구입했다. 그리고 얼마 지나지 않아 아이패드 덕분에 중요한 거래를 성사시킬 수 있었다.

아이패드를 구입한 초기 어느 날, 내가 거래처를 방문하기 위해 지하철로 이동 중일 때의 일이다. 다른 지방에 있는 회사로부터 급한 입찰 참가 의뢰가 들어왔다. 다시 사무실로 들어가 컴퓨터를 이용하기에는 시간이 무척 촉박한 상황이었다. 나는 그 자리에서 아이패드로 견적서를 작성하고, 스마트폰의 테더링과 전자팩스를 이용해서 입찰에 참가했다. 그리고 운 좋게도 수백만 원에 달하는 거래를 따낼 수 있었다. 아이패드를 구입한 금액보다 몇 배 큰 이익을 얻었으니, 아이패드야말로 내게 '돈을 낳는 물건'이 된 셈이다.

내가 쉽게 낙찰 받을 수 있었던 중요한 이유는 속도에서 가장 경쟁력이 있었기 때문일 것이다. 당시는 아이패드가 보편화되기 전이었기에 많은 사람들이 입찰 정보를 듣고도 즉시 입찰에 응하지 못하고 소중한 기회를 날려버렸다. 나 역시 그 순간 아이패드를 갖고 있지 않았다면 아마 입찰을 포기하고 말았을 것이다. 속도가 비즈니스의 가장 중요한 경쟁력이 되어가는 요즘 도구의 힘이 얼마나 중요한지 느끼게 해주는 일화다.

　최근에는 편리한 도구가 많이 개발되어 있어 굳이 자신이 직접 작업하는 것보다 도구의 힘을 이용하는 것이 더 현명한 경우가 많다. 예를 들어, 기획안을 작성할 때를 생각해보자. 기획안은 단순명료하고 알아보기 쉬워야 하기 때문에 파워포인트로 작성하는 것이 좋다. 이때 파워포인트 사용법이 익숙하지 않다면 어떨까? 기획안의 완성도와 작성 속도가 매우 떨어질 것이다. 이때는 잘 만들어진 템플릿을 사서 사용하면 시간도 절약되고 완성도도 높일 수 있다. 업무와 관련된 것이라면 망설이지 말고 일단 사는 것이 이득이다. 그 물건이 당신에게 더 큰 돈을 벌어줄 것이다.

화교의 가르침 · 32

비즈니스와 관련된 물건은 '돈을 낳는 물건'이다. 이런 것들에 돈 쓰는 것을 아까워해서는 더 큰돈을 벌 수 없다. 돈으로 속도와 완성도를 사라.

한턱내는 횟수를
경쟁한다

인간관계와 인맥 만들기를 중시하는 화교는 거의 매일 동료들과 함께 저녁식사를 한다. 자신의 집으로 손님을 초대하는 경우도 있지만 첫 대면이거나 아직 관계가 돈독하지 않은 상대라면 지인의 식당에 들러 함께 식사하는 것이 일반적이다.

주목해야 할 점은 식사가 끝난 다음 밥값을 계산할 때다. 이때 화교들은 십중팔구 서로 사겠다고 나서곤 한다. 다섯 명이 함께 식사했다면 대개 다섯 명 모두 서로 자기가 계산하겠다고 나선다. 결국 한 사람이 밥값을 계산하면 "술 한 잔 더하자. 이번에는 내가 사겠다" 혹은 "다음번에는 내가 살 테니, 또 만나자" 등의 화기애애한 대화가 이어진다.

한 사람이 계산하고 나면 다음 만남으로 이어진다

일본인은 동료들과 식사나 회식을 할 때 비용을 각자 부담하는 것이 일반적이지만 화교는 절대 그런 법이 없다. 반드시 한 사람이 대표로 계산한다. 이유는 단순하다. 그렇게 해야 관계가 계속 이어지고 친분도 더 돈독해지기 때문이다.

한 사람이 밥값을 계산하면 자연스럽게 다음 만남으로 이어질 수 있다. 상대가 밥값을 계산했다면 일종의 '빚'을 진 것이 되어 갚아야 한다는 부채의식이 생기기 때문이다. 또 밥값을 서로 계산하겠다고 실랑이를 하다 보면 자연스레 스킨십도 하게 된다. 이렇게 친해지고 싶은 상대에게 호감을 표현하고 친분을 쌓을 계기가 만들어지기 때문에 서로 한턱내려고 하는 것이다.

일본에서는 식사에 초대한 사람이 밥값을 계산하는 것이 예의라고 생각한다. 따라서 손님이 먼저 계산하겠다고 나서면 오히려 초대한 사람에게 실례가 될 수 있다. 반면, 화교는 어릴 때부터 "얻어먹지 마라, 먼저 대접하라"라는 말을 듣고 자라기 때문에 먼저 지갑을 꺼내는 것이 습관화되어 있다. 화교 부모는 자녀가 아주 어릴 때부터 다른 사람에게 투자하는 것이 중요하다고 가르친다.

하지만 서로 한턱내려고 나서는 것은 지위가 서로 비슷한 사람 사이에서 가능한 일이다. 엄청난 부자나 지위가 높은 사람을 상대로 한턱내는 횟수를 겨루는 것은 무모한 짓이다. 기껏해야 "이런 자리를 만들어주셔서 감사합니다. 덕분에 많이 배웠으니 제가 대접하고 싶습니다" 하며 지갑을 꺼내는 시늉만 하는 정도일 것이다.

이런 경우 나는 담배를 활용한다. 나는 늘 일반 담배와 박하향의 멘톨 담배, 두 종류를 갖고 다닌다. 일반 담배는 내가 피우는 것이고, 멘톨 담배는 특별한 경우를 위해서 준비한다. 식사 중에 상대가 담배를 피우고 싶어하는데 마침 담배가 떨어졌을 때, "이걸로 피우시죠" 하며 얼른 멘톨 담배를 내미는 것이다. 비록 담배 한 개비지만 상대는 무척 고마워한다.

물론 이것은 지위가 비슷한 사람에게도 쓸 만한 방법이다. 최근에는 대형 음식점이나 공공장소에서 흡연을 금하고 있고 끽연가도 많이 줄어들었지만, 소수의 끽연가를 위한 배려 차원에서라면 응용할 만하다.

화교의 가르침 · 33
한 사람이 밥값을 계산하면 자연스럽게 다음 만남으로 이어질 수 있다. 한턱내는 것은 가장 적은 돈으로 두터운 인맥을 만들 수 있는 효과적인 투자법이다.

다른 사람들과
지갑을 공유한다

화교들이 경쟁하듯이 서로 한턱내는 것은 일종의 축재술이다. 화교는 자신이 한턱내느라 치른 비용이 사라지는 것이 아니라 상대의 지갑으로 이동한다고 생각한다. 즉, 상대의 지갑 속에 자신의 돈을 쌓아둔다는 것이다. 자신의 지갑에서 꺼낸 돈을 저금통이나 은행통장에 저금하는 것과 같은 이치다.

화교는 상대의 지갑도 마치 자신의 지갑처럼 생각한다. 그래서 상대의 지갑 속에도 가능한 한 많은 돈을 쌓아두려고 한다. 자신의 지갑에 넣을 수 있는 돈은 한정되어 있어서 그 돈이 없어지면 더 이상 쓸 수 없지만 상대의 지갑에 돈을 넣어두면 자신의 지갑이 빌 때 대신 꺼내 쓸 수 있다는 것이다. 참으로 기발한 발상이다.

화교는 "오늘은 내가 돈이 없으니 자네가 사주게" 하며 상대에게 사달라는 말도 아무렇지 않게 잘한다. 평소 상대에게 많은 돈을 썼기 때문에 부담 없이 돌려달라고 말할 수 있는 것이다.

또한, 이런 말을 하는 것은 두 가지 이점이 있다. 첫째, 상대의 체면을 세워줄 수 있다. 둘째, 상대에게도 자신의 지갑을 쓸 권리를 줄 수 있다.

화교들끼리는 이런 인식을 공유하고 있기 때문에 한쪽이 일방적으로 사주기만 하거나 얻어먹기만 하는 일은 없다. 이들은 서로 주고받으면서 지갑을 공유하는 동료를 점차 늘려나간다.

자기검열을 해제하면 지갑이 늘어난다

일본인은 자신의 돈과 물건을 남에게 나누어주는 것은 비교적 잘한다. 하지만 상대의 돈과 물건을 함께 쓰게 해달라는 말은 거의 하지 못한다. 때문에 자신이 한턱낼 때나 얻어먹을 때 모두 적당한 가격대를 선택해 서로에게 부담을 주지 않으려고 애쓴다. 비싼 돈을 들여 대접해봤자 돌려받지 못할 것이라는 생각이 강하기 때문이다.

그러나 이런 방식으로는 화교의 축재술을 활용할 수 없다. 한턱낼 때는 가능한 한 가장 비싼 메뉴를 선택하는 것이 효과적이다. 많은 비용을 치를수록 상대와의 유대가 강화되기 때문이다. 자신의 입장에서는 많은 돈을 쓴 만큼 상대와 관계를 지속해나가려는 욕구가 커지고,

상대 또한 큰 빚을 졌으므로 갚아야 한다는 의식이 강해진다. 따라서 웬만해서는 일회성 관계로 끝나지 않는다.

그럼에도 불구하고 타인의 지갑에 내 돈을 쌓아둔다는 생각으로 서로의 지갑을 공유하는 일은 일본인에게 쉽지 않다. 익숙하지 않을 뿐더러 상대방의 경계심도 풀어야 하기 때문이다.

이때 필요한 것이 바로 '유머력'이다. 일본인은 유머감각이 없다고들 하는데, 더 큰 문제는 머릿속으로 생각한 것을 말로 표현하지 못하는 것이다.

당장 오늘밤 친한 친구에게 술집에 가자고 권해보라. 그리고 "오늘 내가 지갑을 갖고 나오지 않았으니 술 한 잔 사줘" 하고 편하게 말해보라. 친구가 놀란 표정을 짓는다면 "이번에는 네 지갑을 썼으니, 다음번에는 내 지갑을 쓰게 해줄게" 하고 웃으며 대꾸하라. 친구도 당신의 말에 수긍하고 기쁜 마음으로 지갑을 열 것이다.

회사를 경영하는 나는 회사원인 친구들에 비하면 돈 씀씀이가 자유로워서 상대적으로 자주 밥값을 계산하는 편이다. 친구 중에는 내가 자주 밥값을 내는 것을 부담스러워하는 이도 있는데, 이때는 자연스럽게 내가 먼저 라면을 사달라고 한다. 친구가 당황해하면 유머력을 발휘해야 한다. 이를테면 이런 식이다.

"뭐야, 명색이 사장인데 라면 값도 없어?"

"지난번에 네가 한턱내겠다고 했으니 오늘 약속을 지켜. 그럼 다음에는 내가 살게."

이처럼 서로 한턱내는 가운데 우정이 더욱 돈독해질 수 있다. 타인의 지갑을 쓸 수 없다고 생각하는 사람은 자신의 지갑에 돈이 떨어졌을 때 다른 사람의 도움을 받을 수 없다. 지갑을 공유하는 관계를 많이 만들수록 자신의 돈도 점점 더 늘어난다.

화교의 가르침 · **34**

인간관계는 서로 주고받는 사이에 더욱 돈독해진다. 많이 베푼 사람은 많이 돌려받을 수 있다.

화교가
돈에 집착하는 이유

"돈은 원래 돌고 도는 것이다!"

"한 번 나간 돈은 언젠가는 되돌아오게 되어 있다!"

당신도 이렇게 생각하는가? 많은 사람들이 이런 말들로 현재의 가난을 자위하거나 낭비에 대한 변명거리로 삼는다.

물론 이런 말이 완전히 틀린 것은 아니다. 돈이 많을수록 묵혀두는 것은 큰 손해다. 사업을 하든, 투자를 하든 제대로 운영하기만 하면 돈을 돌려서 몇 배로 불려나갈 수 있다.

하지만 여기서 중요한 것은 돈을 돌리는 주체가 누구인지, 어떻게 돌릴 것인지, 그리고 어떻게 되돌아오게 만들 것인지를 정확히 인식하는 것이다. 그 과정을 구체적으로 설계한 후, 비로소 돈을 돌려야 한다. '돈은 원래 돌고 도는 것'이라는 막연한 생각만으로는 한 번 떠나간 돈과는 영영 이별이다.

돈을 돌리는 상대는 같은 무리의 동료들이다

화교들도 '돈은 돌고 도는 것'이라고 생각한다. 그러나 이 말을 추상적인 개념으로 인식하는 일본인들과 달리 화교는 매일 현실에서 이말을 실천하고 있다.

화교 사회는 보스를 중심으로 견고하게 형성된, 직접적인 만남을 통해 소통하는 같은 무리의 네트워크다. 이들은 자신의 무리 안에서 돈을 돌린다. 즉, 유능한 동료에게 돈을 투자해 그가 성공하면 투자금에 상응하는 이익을 얻는다. 또한 발전 가능성이 보이는 젊은 사업가를 키워내 장기적인 수입원을 확보하기도 한다. 화교가 자신의 무리를 늘리려는 것은 더 큰 수익을 얻기 위해서다. 더 크게 돈을 돌릴수록 더 큰 수익이 돌아오기 때문이다.

그럼, 자신의 무리를 늘리고 그들을 움직이게 만들기 위해 화교는 어떤 방법을 쓸까? 화교는 먼저 상대에게 호의를 베푼다. 대표적인 방법이 돈을 쓰는 것이다. 화교의 독특한 '서로 한턱내기' 문화도 무리를 늘리기 위한 것이다.

'한턱내기'는 새로운 일원을 자신들의 무리에 받아들이느냐, 그렇지 않느냐 하는 판단기준이 되기도 한다. 항상 얻어먹기만 하고 자신의 지갑을 열지 않는 사람이나 자신이 받은 것을 되돌려주지 않는 사람은 결코 무리에 들어가지 못한다. 화교들은 이런 태도를 보이는 사람은 무시하고 관계를 끝내버린다. 어차피 장기적인 이득을 얻을 수 없다고 판단하기 때문이다.

사업을 도모할 때 화교는 가장 먼저 상대에게 돈을 투자할 것인지 아닌지 묻는다. 상대가 "좋아 보이는데, 나도 끼워주게" 하며 관심을 보였다 하더라도 정작 돈을 투자하겠느냐는 물음에 아니라고 대답한다면 더 이상 이야기를 진행하지 않는다. 사업을 하려는 진심이 없다고 판단하기 때문이다.

돈을 투자하느냐, 투자하지 않느냐는 상대방의 진정성을 파악하는 가장 쉬운 판단기준이 된다. 따라서 화교는 실제 투자 여부와 상관없이 먼저 상대에게 돈을 투자할 것인지를 물어보는 것이다.

화교가 돈에 지나치게 집착하는 것처럼 보이는 것은 실제로 돈을 중요하게 여기기 때문이기도 하지만, 돈으로 상대의 진심을 시험해볼 수 있다고 생각하기 때문이다.

손을 내밀어야 돌고 있는 돈을 붙잡을 수 있다

앞서 언급했듯이 일본인은 '돈은 돌고 도는 것'이라는 말을 추상적인 것으로 받아들이는 경향이 있다. 열심히 일하다 보면 언젠가는 자신도 큰돈을 벌 수 있겠지, 인생에 한 번은 부자로 살아볼 수 있겠지,

하면서 그저 하루하루를 성실하게 살아가는 것이다. 하지만 이런 태도의 미덕은 오직 '성실하게 살았다'는 것뿐이다.

어느 날 갑자기 큰돈이 하늘에서 뚝 떨어지는 일은 결코 일어나지 않는다. 스스로 손을 뻗어 돈을 붙잡아야 한다. 자신이 먼저 적극적으로 돈을 붙잡지 않으면 돈은 언제까지나 주위를 돌아다닐 뿐, 자신에게는 오지 않는다.

화교의 가르침 · 35

돈을 추상적인 개념이 아니라 구체적인 현실로 받아들여라. 막연히 부자가 되기를 꿈꾸지 말고 지금 당장 손을 뻗어 돈을 붙잡는 행동을 하라.

부모 자식 간에도
돈을 공짜로 주지 않는다

화교들은 대체로 소박한 생활을 하고 근검절약하는 태도가 몸에 배어 있다. 유행하는 옷이나 장신구에는 별로 관심이 없고, 여행을 한다든지 취미생활을 즐기는 데도 그다지 적극적이지 않다.

이런 화교들이 유일하게 큰돈을 쓰는 곳은 동료들과의 교제비와 자녀교육비다. 교제비에 대해서는 앞서 여러 번 말했으니, 여기서는 자녀교육비에 대해 설명하겠다.

화교가 자녀교육에 힘을 쏟는 이유는 다른 문화 속에서 자주 차별적인 대우를 받아온 것이 배경으로 작용한다. 외국인이라도 명문대 졸업장이 있으면 상대적으로 차별 없이 실력을 인정받을 수 있고, 사회에 진출해서도 안정성이 보장되기 때문에 고학력에 목매는 것이다.

초등학생의 경우 화교는 일본 가정의 평균 교육비의 약 두 배를 투자한다. 이때 화교는 교육비를 쓰는 이유를 자녀에게 분명히 설명한다. 이를 테면, 이런 식으로 말하는 것이다.

"교육비는 네가 안정적으로 사회에 진출할 수 있도록 부모가 미리 투자하는 돈이다."

또한 교육비로 얼마를 지출했었는지도 분명히 알려준다.

"입학금, 수업료, 학원비, 예체능 레슨비로 총 ○○만 원이 들었다."

여기서 끝이 아니다. 부모가 사용한 교육비를 나중에 갚아야 한다는 사실도 명확히 말해둔다.

"이것은 너를 위해서 투자한 돈이니 사회인이 되어서 스스로 돈을 벌 수 있게 되면 우리에게 갚아야 한다."

화교는 부모에게 교육비를 갚기 위해서 사업을 시작한다

일본에서는 초등학교부터 대학 진학까지 자녀 1인당 약 1억 5천만 원 정도가 든다. 사회인이 되는 동시에 1억 5천만 원의 빚을 지는 셈이다. 회사원 월급으로 이 금액을 갚으려면 몇 년이 걸릴지 알 수 없다. 그래서 화교 자녀들은 대부분 스스로 창업하는 것을 당연하게 생각한다.

대학 졸업과 동시에 일본 회사에 취직하는 화교도 많지만 회사원으로 출세하는 화교는 극히 드물다. 직장생활을 하면서 어느 정도 돈을 모으면 창업하는 게 일반적이다. 화교 사회에서는 가능한 한 이른 시기에 창업하는 것을 당연하게 여기기 때문에 출세하는 연령까지 직장생활을 한다는 것은 사업적 자질이 없다는 뜻이기도 하다.

창업은 어느 정도 준비가 갖추어지면 곧바로 시작한다. 창업할 때 부모의 금전적인 지원을 받았다면 당연히 갚아야 하고, 만약 갚지 못하면 자신의 체면을 잃게 된다. 체면을 중시하는 화교에게는 부모에게 받은 돈을 갚아야 한다는 목표가 사업 성공의 중요한 동기가 된다. 그래서 화교들은 젊은 시절에는 노는 데 한 눈 팔지 않고 악착같이 일에 매진한다.

일본인들은 부모의 돈으로 자녀가 교육받는 것을 당연하게 여긴다. 엄청난 학비가 드는 사립대학에 가더라도 반드시 부모에게 학비를 갚겠다고 생각하는 젊은이는 드물다.

화교 스승에게 가르침을 받은 나는 내 아이들에게 교육비로 얼마를 쓰고 있는지 그때그때 말해주고 있다. 어릴 때부터 경제교육을 철저히 시켰기 때문인지 아이들도 이런 것을 당연하게 받아들이고, 필요 없는 교육비 지원을 요구하지 않는다. 장남은 부모의 부담을 덜고 싶다며 국공립 대학을 목표로 공부하고 있다.

물론, 내가 아이들의 결정을 모두 받아주는 것은 아니다. 예를 들어, 아이가 학원 여름학기 강좌가 고액이니 과목을 줄이겠다고 말하면, 금액보다 효과를 따져보도록 유도한다. 지금 당장 학원비를 조금 줄이는 것보다 목표한 대학에 가서 원하는 직업을 가진 다음 돈을 벌어서 갚는 것이 훨씬 이득이기 때문이다.

일본에서도 어릴 때부터 경제교육을 시키는 가정이 차츰 늘어나고 있다. 부모와 자녀가 함께 경제 강좌를 듣는 가정도 상당수 있다. 하지만 그보다 중요한 것은 부모와 자녀 사이의 돈 개념을 명확히 세우는 것이다. 부모가 자녀에게 사용하는 교육비가 일종의 투자라는 개념을 가진다면, 자녀가 돈과 시간을 허투루 쓰는 일이 많이 줄어들 것이다. 또한 졸업 후 사회 진출과 직업 선택의 목표도 더욱 분명해질 것이다.

화교의 가르침 · 36

교육비는 자식에 대한 부모의 투자금이다. 부모에게 받은 것을 갚아야 한다는 목표가 분명할수록 자녀의 장래 목표와 성공에 대한 동기도 더욱 강해진다.

자녀교육에 쓰는 돈도
수익을 계산한다

화교 부모의 교육관은 어떨까? 화교는 자녀교육도 일종의 투자라고 생각하기 때문에 수익을 철저히 계산한다. 화교는 학력이 부족해도 사업적 재능이 있으면 사람과 운이 저절로 따라온다고 생각한다. 따라서 자녀에게 사업적 재능이 있으면 고등학교만 졸업해도 당장 사업을 시킨다. 하지만 자녀에게 사업적 재능이 보이지 않을 때는 학력에 집착한다.

일본인의 눈으로 보면 이러한 발상은 자녀가 대학을 졸업하자마자 부모에게 학비를 갚는 것보다 더 놀라울 수 있다. 그러나 일본에서도 일찍이 마쓰시타 고노스케나 다나카 가쿠에이가 활약한 시대에는 뛰어난 사람일수록 일찍 사회에 진출해 자신의 길을 걸었다. 당시 고학력이 필요한 사람은 정해진 제도와 규율 안에서 일하는 국가공무원 같은 일부의 사람들뿐이었다.

사업을 자신들의 본분으로 여기는 화교는 당연히 학력보다 사업적 재능을 우선시한다. 따라서 자녀가 아주 어릴 때부터 사업 감각이 있는지 확인하기 위해 여러 가지 방법을 사용한다. 흔히 예상하는 것처럼 숫자 계산을 시킨다거나 하는 방식은 아니다. 화교는 자녀에게《삼국지》같은 중국 고전을 읽게 해서 다양한 전략과 전술을 어떻게 이해하고 받아들이는지를 보며 자녀의 사업적 감각을 파악한다.

그 결과 자녀에게 사업적 재능이 있다고 판단되면 창업할 것을 적극적으로 권장한다. 반면 자녀에게 사업적 재능이 없다는 판단이 서면 그때부터 상당한 교육비를 들여 공부에 모든 것을 집중시킨다. 장래에 높은 임금을 받을 수 있는 고학력을 만들기 위해 집중 투자하는 것이다.

부모와 자녀 간의 합의 없이 일방적인 투자는 없다

자녀교육의 가장 큰 목적은 물론 자녀의 행복이다. 하지만 화교는 자신이 자녀에게 투자한 만큼의 수익을 돌려받을 수 있는지 여부를 꼼꼼히 계산한 뒤 자녀의 진로를 지도한다. 학비는 물론이고 자녀가 취직이나 창업할 때 지원하게 될 돈도 모두 투자금으로 생각하기 때문이다.

이때 부모가 일방적으로 투자 여부를 결정하지는 않는다. 자녀와 충분히 상의한 후 자녀가 납득하고 동의한 후에 비로소 투자금을 지급한다.

"네가 장래에 대규모 음식점 체인을 운영하고 싶다면 이러이러한 방법과 길이 있다."

"먼 장래까지 생각한다면 지금 당장 가게를 여는 것보다는 일단 유명한 주방장 밑에서 수련 과정을 거치는 것이 낫다."

이런 식으로 화교는 자녀를 설득하기 위해 다양한 지식과 정보를 제공한다. 이때 자녀에게 잘못된 정보를 주면 투자 수익을 얻지 못하기 때문에 부모도 진지하게 공부할 수밖에 없다.

때로는 명분보다 실리를 취하는 것이 자녀를 위한 길이다

이와 관련해 내가 잘 아는 화교 지인의 사례를 소개하겠다. 지인의 딸은 어릴 적부터 성적이 무척 뛰어났다. 사업적 재능도 있었지만 집안에 금전적인 여유가 없는데다 여자아이여서 대학 진학의 길을 밟았다. 그 아이는 머리가 좋고 성적이 뛰어났기 때문에 명문 국립대학 공학부에 우수한 성적으로 합격했다. 하지만 부모는 딸에게 일반 사립대학 약학부에 입학할 것을 권했다. 부모의 지인들 중에 약국 체인을 운영해서 성공한 사람이 많았기 때문에 딸에게도 약국 운영을 권한 것이다.

그 부모의 생각은 이러했다. 공학부를 졸업해 취직하는 것보다 약제사 자격을 따서 약국을 열면 안정적으로 돈을 벌 수 있다. 또한 지인들의 도움을 받아 사업을 확장해나가면 직원을 고용해서 약국 운영을 맡길 수도 있다. 그러면 장래에 결혼해서 자녀가 생겨도 자녀와의 시간을 충분히 가질 수 있다.

화교는 대부호를 제외하고는 여자들도 평생 일을 하기 때문에 직업 선택이 매우 중요한 의미를 갖는다. 그 부모는 딸이 결혼한 뒤 엄마가 되어도 쉽게 돈벌이를 할 수 있도록 사립대학에 입학할 것을 권한 것이다. 그들이 이렇게 제안한 이유 중에는 자녀가 돈벌이를 해주면 부모 자신들의 노후도 편안하리라는 계산이 포함되어 있다. 화교는 비즈니스에서뿐만 아니라 모든 선택을 할 때 본능적으로 투자와 수익 회수의 개념을 적용한다.

물론 화교들의 자녀교육에 이기주의적인 요소가 반영되어 있다는 점을 완전히 부정할 수는 없을 것이다. 만일 투자적인 관점에서만 판단해서 자녀가 원하지 않는 진로를 강요한다면 상당한 문제가 될 수도 있다.

하지만 고등학교를 졸업하면 대학에 들어가고, 대학을 졸업하면 회사에 취직하는 것이 당연해진 요즘 시대에 오직 학력에만 목매지 않고 자녀의 사업적 재능을 발견하고 펼칠 수 있도록 이끌어주는 것은 무척 바람직한 태도다.

학력은 목표가 될 수 없다. 우리 사회에는 고학력 대신 다양한 재능이 필요한 수많은 직업과 진로가 있다. 자녀가 자신에게 꼭 맞는 길을 갈 수 있도록 부모가 먼저 학력 중심의 경직된 사고를 깨뜨려야 할 것이다. 그것이 부모와 자녀 모두에게 이득이 되는 길이다.

화교의 가르침 · 37

자녀의 진로 선택은 부모와 자녀 모두에게 이득이 되어야 한다. 고학력이 고수익과 동의어인 시대는 지났다. 학력에만 목매지 말고 자녀의 사업적 재능을 발견하고 펼칠 수 있도록 이끌어주어라.

어느 화교 가정의
가계부

다음은 어느 화교 가정의 가계부다. 이 가계부를 보면 화교의 돈에 대한 감각을 좀더 잘 이해할 수 있다.

이들은 일본 기업에 근무하는 맞벌이 회사원 부부다. 일본에서 유학한 뒤 현지에서 취직했고 현재 사업자금을 저축하고 있다. 수입은 일본의 직장인 평균과 비슷하다.

어느 화교 가정의 가계부

· 일본 기업에 근무하는 회사원 · 삼십대 중반 · 맞벌이 부부

· 초등학교 2학년 자녀 1명 · 오사카 거주

수입

남편(회사원)	3,500,000원	가까운 장래에 창업하기 위해 직장생활하면서 사업자금을 저축하고 있다. 중국 유학생과 화교 2, 3세들은 창업 전에 일본 기업에 취직하여 자금을 모으는 경우가 많다.
아내(임시직)	1,000,000원	화교 여성들은 맞벌이를 당연하게 여기기 때문에 전업주부로 머무는 경우가 거의 없다. 업무 형태는 사무직, 임시직, 자영업 등 다양하다.

지출

주거비(월세)	600,000원	3~4인 가족이라면 대개 방 2개짜리 임대아파트에 거주한다.
식비	1,000,000원	화교 동료들을 집으로 초대하는 일이 많아서 식비와 술값으로 많은 돈을 쓴다. 여러 사람이 모일 때는 만두파티를 여는 것이 일반적이다. 식사 중 나누는 대화의 90%는 돈벌이에 관한 것이다.
일용잡비	50,000원	필요 최소한
수도광열비	100,000원	필요 최소한
차량유지비	–	일반 회사원 가정은 자가용을 사지 않는다.
통신비	100,000원	각종 무료서비스를 이용해서 최대한 절약한다. 화교는 거의 대부분 소프트뱅크사의 휴대전화를 사용한다.
의류비·이미용비	200,000원	필요 최소한
교제비	700,000원	창업에 필요한 인맥과 기회를 잡기 위해 교제비로 많은 돈을 쓴다. 화교 스승이나 지인들에게 선물을 자주 한다. 일본인 동료들과도 교제하지만 애환을 나누거나 푸념만 늘어놓는 회식자리는 어울리지 않는다.

교육비	500,000원	교육비는 일본 가정 평균의 약 2배다. 학원, 과외, 예체능 교습, 서적 구입 등에도 적극적이다.
애완동물비	50,000원	필요 최소한. 애완동물을 기르는 이유가 동물을 좋아하기 때문만은 아니다.
부부용돈	-	용돈은 거의 쓰지 않는다. 점심은 도시락을 애용하고 외식도 값싼 패스트푸드를 주로 먹는다.
보험, 의료비	-	월급에서 원천 공제하는 사회보험 외에 별도의 보험은 가입하지 않는다. 병원은 거의 가지 않고, 병에 걸리거나 죽는 것은 운명이라고 생각한다.
저금, 적금	1,200,000원	절약해서 남긴 돈은 모두 사업자금으로 저축한다.
계	4,500,000원	

화교는 창업해서 성공하면 가장 먼저 어떤 일을 하는가

화교는 사업이 자리를 잡아 돈을 벌기 시작하면 가장 먼저 차를 산다. 그들은 자신이 부자라는 것을 한눈에 드러내주는 대형 고급차를 선호한다. 성공했다는 것을 다른 사람들에게 가장 쉽게 어필할 수 있는 방법이기 때문이다.

부자라는 소문이 나면 자연스레 사람들이 모여들고, 그들을 중심으로 다양한 화교 집단과 교제를 넓히면서 새로운 인맥과 정보를 얻게 된다. 화교는 이러한 방식으로 부와 인맥을 더욱 확장시켜나간다.

그 다음으로 고향에 집을 산다. 부모에게 효도하기 위해서 고향에 있는 부모에게 고급 주택이나 맨션을 선물하는 것이다. 물론 부모의 체면과 자식으로서 자신의 체면을 세우기 위한 목적도 있다. 중국에서는 대도시를 제외하면 1억 원 정도면 풀장이 딸린 대저택을 살 수 있다.

화교 사회에 빈곤층이 없는 이유 2

화교 사회에 빈곤층이 없는 또 하나의 이유는 어릴 때부터 가정에서 돈에 관한 교육을 철저히 시키기 때문이다. 화교는 자녀가 아주 어릴 때부터 돈 버는 원리와 구체적인 방법을 가르친다. 먼저 부모가 특정 경제원리를 설명해준 뒤 실제로 그 원리가 적용되는 체험을 해보도록 기회를 준다. 이론 교육에만 그치지 않고 직접 경험할 수 있도록 이끌어주는 것이다. 예를 들어 다음과 같은 방식으로 교육시킨다.

인터넷 옥션사이트를 보여주고 옥션의 원리를 가르친다. → 옥션사이트에서 자녀가 좋아하는 장난감을 골라 가격을 노트에 옮겨 적는다. → 자녀를 벼룩시장에 데려가서 같은 장난감이 옥션사이트의 가격보다 싸게 팔리고 있다면 사게 한다. → 그 장난감을 옥션사이트에 올린다. → 옥션사이트에서 장난감이 팔려 이익이 생기면 그 돈으로 자녀가 갖고 싶은 물건을 사게 한다.

이처럼 옥션사이트에서 직접 물건을 팔아 이익을 남기는 방식은, 나 역시 아이들이 초등학교에 올라가기 전부터 가르쳤다. 현재 장남에게는 환율의 원리를 가르치기 위해서 중국 인민화폐로 세뱃돈을 준 뒤 주기적으로 환율을 확인하도록 과제를 주었다. 최근 엔저 현상으로 상당한 이익이 생겼을 것이다.

또한 화교는 〈논어〉 같은 고전을 반드시 가르치기 때문에 대부분 화술이 뛰어나다. 내 사업 동료는 아직 20대 중반인 청년인데 특정 주제에 대해서는 논쟁을 좋아하는 나조차도 그에게는 설득당할 정도다. 어릴 때부터 가정교육을 통해 사업적인 감각을 계속 갈고닦았기 때문이다. 화교가 실제 비즈니스에서 힘을 발휘하는 것은 철저하고 지속적인 가정교육의 결과인 셈이다.

• 성공한 사람이 자기 무리에게 돈을 나누어준다

그럼, 비록 부자는 아니지만 최소한 화교 중에 돈에 쪼들리는 사람이 없는 이유는 무엇일까?

친구들은 모두 연봉 5천만 원 남짓을 받는데 당신 혼자만 대성공을 거두어 연매출 100억 원을 벌었다고 가정해보자. 당신은 "나는 올해 100억 원을 벌었다"라고 주위에 소문을 내겠는가?

거품경제 시대라면 몰라도 지금의 일본에서는 큰돈을 벌었다는 사실을 숨기는 것이 일반적일 것이다. 흔히 말하는 네오힐즈족(인터넷 비즈니스로 고수익을 올려 고급맨션에 사는 신흥부자)처럼 보여 불필요한 관심을 받거나 혹은 어중이떠중이들이 몰려들어 귀찮은 일이 생기는 것을 막기 위해서다.

만약 화교가 이렇게 큰돈을 벌었다면 어떨까? 이들은 돈이 있다는 사실을 숨기기는커녕 가족은 물론이고 친구들에게도 일정 금액을 나누어준다. 한 사람이 큰 성공을 거두면 같은 무리의 모두가 혜택을 입는 것이다. 이들이 이처럼 다소 무모해 보이는 행동을 취하는 이유는, 화교에게는 돈보다 체면이 소중하기 때문이다.

돈을 받은 사람들은 "그 사람 덕분에 편안한 생활을 할 수 있게 되었다"라고 주위에 소문을 낼 것이고 그 결과 성공한 사람은 더욱 더 존경받고 더불어 더 좋은 사업 기회를 얻게 된다.

화교 집단 안에서는 누가 돈을 갖고 있고, 누구의 후원으로 성공했는지 등의 정보가 금세 알려진다. 따라서 큰돈을 번 사람은 후원해준 스승에게 합당한 보답을 해야 하고, 스승의 체면을 세우는 뜻에서도 동료들에게 돈을 나누어주어야 한다.

• 부를 나누지 않으면 무리해서 배척당한다

반대로 화교 사회에서 돈을 번 사실을 숨기면 어떻게 될까? 배금주의자라는 낙인이 찍혀 아무도 그를 상대하지 않게 된다. 그 결과 더이상 돈을 벌 기회는 차단되고, 문자 그대로 단 한 번의 성공으로 끝나버린다. 그래서 화교 사회에서는 부자가 반드시 주위 사람들과 돈을 나누어 쓰고, 같은 무리의 사람들은 부자가 아니어도 최소한 가난한 생활은 하지 않게 된다.

5장

비상식적이면서도
합리적인 시간 활용법

이메일은
거의 쓰지 않는다

비즈니스의 생명은 속도라고 여기는 화교는 의사소통 수단을 선택할 때도 철저하게 속도를 우선으로 꼽는다. 화교는 시간을 끌수록 손해라고 생각하기 때문에 그 자리에서 당장 의논해서 결정하기를 원한다. 때문에 실시간성이 높고 상대와 연결될 확률이 높은 순서대로, 면담 → 전화 → 채팅 → 이메일을 사용한다.

상대의 선택에 달려 있는 이메일은 속도전에 어울리지 않는다

화교가 인터넷을 쓸 때는 주로 메신저나 화상통화를 통해 실시간으로 쌍방향 소통을 할 때다. 화교는 상대방이 언제 읽을지 모르는 이메일은 거의 쓰지 않는다. 또한 자신이 필요할 때만 이메일을 확인하기 때문에 '메일을 보냈으니 알아서 확인하겠지' 하고 느긋하게 생각해서는 안 된다. 이메일을 보냈다면 즉시 전화를 걸어 확인해달라고 요구해야 한다.

이메일은 상대방의 시간을 구속하지 않기 때문에 상대방을 배려하는 장점이 있다. 하지만 한편으로는 일의 진행을 상대방에게 맡긴다는 것을 의미한다. 이메일로만 소통하면 상대의 사정에 따라서 단순한 결정도 며칠씩 걸릴 수 있기 때문에 속도를 다투는 일에는 효과적이지 않다.

화교가 이메일을 사용하지 않는 또 다른 이유는 주고받은 내용을 증거로 남기지 않기 위해서다. 일본에서는 이메일 사용을 증거 보존 용도로 권장하기 때문에 이런 화교의 행동을 오해하기도 한다. 즉, 화교가 언제든 자신에게 유리한 쪽으로 말을 바꾸기 위해 이메일을 쓰지 않는다고 억측하는 것이다.

그러나 진실은 정반대다. 화교가 이메일을 선호하지 않는 것은 상대의 약점을 잡지 않기 위해서다. 만일 화교가 이메일로 확답한 내용을 지키지 못하면 어떻게 할까? 체면을 목숨보다 중요하게 생각하는 화교는 자신이 신뢰를 깨뜨렸다는 사실을 스스로 용납하지 못한다. 체면이 망가졌다고 느끼면 상대와 관계를 끊거나 그 사회를 아예 떠나기도 한다. 따라서 상대가 약속을 지키지 못했을 때 그냥 넘어가 주기 위해서라도 이메일을 잘 사용하지 않는 것이다.

물론 기록을 남기지 않으면 사실관계가 불명확해서 문제가 생길 수도 있다. 그래서 화교들은 상대와 직접 만나 이야기하고 그 자리에서 즉시 결정하는 방식을 선호한다. 다음번으로 미루면 서로 기억이 희미해져서 의견 충돌이 일어날 가능성이 있기 때문이다.

시간 낭비를 줄이는 최선의 방법은 '만나서 바로 결정하기'

일본인들은 대개 "며칠까지 검토한 뒤 연락하겠다"라든지 "확실하게 계약서를 쓰고 나서 시작하자"라는 식으로, 그 자리에서 결론을 내리지 않을 때가 많다. 하지만 화교끼리 비즈니스를 할 때는 이런 방식이 통하지 않는다. 화교들은 그 자리에서 협상한 뒤 메모지에 거래 금액을 쓰고는 "자, 이 금액으로 결정하지요" 하고 말한다. 이때 상대가 동의하면 그것으로 계약이 성립한다. 사업체 인수나 골프장 매매처럼 수십 억원씩 거액이 오가는 거래에서도 화교는 메모만으로 계약을 확정해버린다.

이렇게 메모지에 금액을 쓰는 이유도 증거를 남기거나 추후 다시 검토하기 위한 것이 아니다. 단지 협상한 내용을 서로 확인하기 위한 목적이기 때문에 양쪽이 모두 동의한 후에는 메모지를 버려도 상관없다.

요즘 비즈니스 현장은 그야말로 속도전이다. 속도전에서 승리하기 위해서는 이메일이나 전화 같은 매체로 오랜 시간 협상하기보다는 직접 만나 담판을 짓는 것이 가장 효과적이다. 나도 이 방법을 자주 사용한다. 다음의 몇 가지 요령을 알아두면 누구나 어렵지 않게 적용할 수 있다.

먼저, 상대가 견적서를 보내달라고 하기 전에 이쪽에서 선수를 쳐서 다음과 같이 제안한다.

"이 자리에서 결정하시면 제 재량껏 3퍼센트의 인센티브를 드릴 수 있습니다. 나중에 결정하시면 상사에게 보고한 뒤 허락을 받아야 하기 때문에 그 금액으로는 못 드립니다."

추가 이익을 제시하면 상대도 쉽게 기회를 포기하지는 못할 것이다. 이렇게 상대가 그 자리에서 즉시 결정하도록 유도한 뒤 제품 카탈로그나 미팅노트에 약속한 금액을 쓰고 사인을 받는다. 정식 계약서는 추후 정리해서 보내주어도 늦지 않다.

둘째, 타이밍을 잘 잡아야 한다. 만일 상대가 그 자리에서 결정할 만한 상황이 아닌데 너무 적극적으로 다가가면 심리적 압박을 주어 역효과가 날 수 있다. 단, 결정을 망설이는 고객이라면 빨리 결정할 수 있도록 살짝 등을 밀어주어야 한다. 상대도 그것을 원하기 때문이다.

비즈니스에서 시간은 돈만큼이나 중요한 자산이다. 상대방이 제품을 구매할 의사가 있다면 더 이상 시간을 낭비하지 않도록 이쪽에서 도와주어야 한다. 이때는 "분명 최고의 조건으로 계약하시는 겁니다" 혹은 "자, 이 금액으로 결정하시죠. 절대 후회하지 않으실 겁니다"라는, 계약을 확정하는 말 한마디만으로도 상대가 기분 좋게 결정을 내리도록 유도할 수 있다.

상대의 사정에 맞추지 않고
일단 돌진한다

화교에게는 그야말로 '마음먹은 날이 길일'이다. 화교는 만나야 할 사람이 있으면 즉시 전화를 걸어 상대의 형편 따위는 개의치 않고 들이닥친다. 비즈니스를 할 때는 더욱 적극적이어서 상대가 다른 용무로 상담중이더라도 아무렇지 않게 찾아간다. 제멋대로인 듯해도 이 또한 기회를 잡기 위해 능동적으로 행동하는 화교의 중요한 성공법칙 가운데 하나다.

화교는 상대가 상담중이면 오히려 기회라고 생각한다. 상대가 상담하는 고객조차 자신의 고객으로 만들 수 있다고 생각하기 때문이다. '나는 이런 일을 하고 있는데, 나와도 함께 일을 도모해보지 않겠느냐'며 말을 걸어 새로운 비즈니스의 가능성을 만드는 것이다. 물론 그 자리에서 중개자 격인 상대의 체면을 세워주는 것도 절대 잊지 않는다.

상대에게도 이익이 되는 밀어붙이기는 환영받는다

화교와 달리 신중하고 조심성 많은 일본인에게는 일단 상대에게 돌진하는 것 자체가 높은 장벽이다. 이런 경우에 참고할 만한 대화를 예로 들어보겠다.

"팀장님, 소개해드리고 싶은 좋은 정보가 있는데 지금 찾아뵈어도 될까요?"

"미안하지만 지금 손님이 계셔서 안 되겠는데요."

"절대 방해가 안 되도록 하겠습니다. 들어보시면 분명 유용한 정보일 것입니다. 어쩌면 함께 계신 손님께도 좋은 정보가 될 수 있고요."

이때 먼저 온 손님이 경쟁 회사의 영업사원이라 해도 물러서지 않는다.

"혹시 상담중인 분이 ○○회사 분인가요? 제가 찾아가 기다리면 ○○회사 쪽에서도 더욱 긴장하고 분발할 테니 팀장님 회사에도 이득이 될 것입니다. 저희가 거래를 맺기 위해 노력하는 모습을 보여주면 팀장님의 체면도 서고요."

이렇게 적극적인 자세로 접근하면 웬만해서는 상대가 거절하기 어렵다. 또한 자연스럽게 회사 간 경쟁관계를 유도하고 자신의 체면까지 세울 수 있는 실질적인 이점을 제시하기 때문에 상대로서도 굳이 마다할 이유가 없다.

언뜻 생각하면 중간에 끼어들기를 당한 회사의 직원이 불쾌하게 여길 것 같지만 실제로는 그렇지 않다. 그 직원도 자연스럽게 경쟁 회사의 정보를 손에 넣는 셈이어서 싫어하기는커녕 오히려 기회가 저절로 찾아왔다고 생각할 것이다. 회사에 돌아가서 상사에게 ○○회사의 최근 동향과 분위기가 이러저러 하다고 보고하면 칭찬받을 수 있기 때문이다.

현대 사회에서 비즈니스의 승패를 가르는 것은 속도와 정보다. 화교의 비즈니스 방식이 여전히 막강한 위력을 발휘하는 것은 바로 이 때문이다. 화교는 모든 가능성을 열어둔 채 돌진하는 자세로 기회를 포착한다. 화교의 '돌진력'이야말로 가장 먼저 습득해야 할 비즈니스 기술이다. 상대의 상황이나 격식에 맞추려는 느긋한 태도로는 현재의 비즈니스 속도를 따라잡을 수 없다.

화교의 가르침 · 39

속도와 정보가 생명인 비즈니스의 세계에서 '돌진력'이야말로 최대의 무기다. 상대의 형편과 격식에 맞추려는 느긋한 태도로는 어떤 기회도 얻을 수 없다. 모든 가능성을 열어둔 채 돌진하는 자세로 기회로 포착하라.

여러 개의 상담을
동시에 진행한다

화교는 비즈니스 상담을 할 때 일부러 여러 상대를 동시에 부르곤 한다. 화교는 약속이 겹치는 것을 개의치 않는다. 늘 일정을 비워두는 그들은 "언제든지 괜찮아요", "아무 때나 좋아요" 하며 어떤 약속이든 가볍게 응하기 때문에 손님끼리 마주치는 일이 다반사다.

일본에서는 겹치기 약속을 심각한 실수로 여기는데, 화교는 오히려 겹치기 약속을 서로에게 이익이 되는 결과로 전환시킨다. 약속이 겹친 것을 기회로 상담 상대들을 이어주는 중개자 역할을 하면 오히려 양쪽으로부터 고맙다는 말을 듣고 자신의 체면도 세울 수 있다. 또한 동시에 상담을 진행하면 시간적으로도 이득이 되니 화교들은 겹치기 약속을 더욱 적극적으로 하는 것이다.

나 역시 의료기기 판매회사를 운영할 때 업계 내의 서로 다른 업종, 예를 들어 의료기기 제조사와 IT 회사를 동시에 불러 정보를 주고받으면서 이중으로 상담하는 방식을 적절히 활용했다.

사람과 정보를 이어주는 플랫폼 역할을 한다

하지만 여러 명의 상담 상대를 동시에 부를 경우에는 원칙이 있다. 서로에게 이익이 되는 사람끼리 모이게 해야 실례가 되지 않는다. 누구와 누구를 조합하느냐가 중요하다. 화교는 상대를 잘못 선택하지 않도록 늘 누가 어떤 일을 할 수 있는지를 정확하게 파악하고 정리해둔다.

화교는 이처럼 사람과 사람, 정보와 정보가 교차하는 플랫폼 역할을 하면서 점점 더 많은 사람과 정보를 모아나간다.

이때 플랫폼의 기능을 높이려면 폭넓은 인맥을 확보하고 있어야 한다. 보통 일본인들은 인맥을 만들기 위해서 모임이나 동호회 등에 참석하는데 이런 방식으로 인맥을 만들려면 상당한 시간과 비용이 든다. 스스로 인맥을 하나하나 넓혀나가야 하기 때문이다.

화교는 이런 불필요한 절차를 밟지 않는다. 화교는 스스로 모든 사람과 인연을 맺어야 한다고 생각하지 않는다. 대신 넓은 인맥을 지닌 몇 명의 사람과 긴밀한 관계를 맺는다. 그러면 그들의 인맥을 자신의 인맥으로 활용할 수 있기 때문에 훨씬 효율적이다.

그럼, 누가 넓은 인맥을 지닌 사람인지 알기 위해서는 어떻게 해야 할까? 넓은 인맥을 지닌 사람을 알아야 그와 관계를 맺을 것이 아닌가? 인맥이 넓은 사람은 인맥을 유지하는 데 그만큼 많은 시간과 돈을 쓸 수밖에 없다. 다시 말해 늘 여러 사람과 만나며 시간과 돈을 쓰는 데 바쁜 사람이 인맥이 넓은 사람이다. 이들은 술값과 밥값으로 매달 엄청난 돈을 쓰고 언제나 점심과 저녁약속이 꽉 차 있다. 당신 주변에도 분명 이런 사람이 한두 명은 있을 것이다. 이들과 긴밀한 관계를 맺어두면 보다 효율적으로 인맥을 넓혀나갈 수 있다.

화교의 가르침 · **40**
기회는 사람과 정보가 모이는 곳에서 생긴다. 의도적으로 여러 사람과 동시에 약속을 잡아 더 많은 비즈니스 기회를 창출하라.

빨리 끝내야 하는 일은
밖에서 한다

화교는 업무시간에도 종종 단골카페에 들러 몇 시간씩 시간을 보내고 온다. 내가 스승의 제자로 들어간 지 얼마 되지 않았을 무렵에는 스승과 화교 동료들의 이런 모습을 보면서 기분전환을 통해 일의 효율을 높이려는 것이라고 단순하게 생각했다. 그런데 화교가 일하는 중간에 카페를 찾는 데는 더 중요한 이유가 있다.

회사에는 언제나 처리해야 할 일이 넘쳐나고 집에서는 집중력이 떨어지기 마련이다. 따라서 단시간에 집중해서 일을 끝내야 할 때는 회사도, 집도 아닌 제3의 장소가 필요하다. 즉, 화교들은 신속히 일을 처리해야 할 때는 자신만의 아지트에 가서 정해진 시간 안에 일을 끝내고 온다.

제3자에게 공약하면 목표를 쉽게 달성할 수 있다

그럼 집중이 더 잘 되는 도서관 같은 조용한 곳이 아니라 단골카페에 들르는 이유는 무엇일까?

그것은 '공약의 힘'을 이용하기 위해서다. 화교는 업무목표를 달성하기 위해서 자신의 의지에만 기대지 않는다. 가게 주인이나 직원, 손님들처럼 제3자에게 자신이 언제까지 일을 끝내고 가겠다고 공약함으로써 약속을 지킬 수밖에 없도록 스스로에게 강제력을 부여하는 것이다.

단골가게에 가면 으레 주인이나 직원과 다음과 같은 가벼운 대화를 주고받게 된다.

"반가워요! 오늘은 노트북을 들고 오셨네요."

"네, 급히 DM을 만들어야 해서요. 5시까지는 꼭 끝내야 하니까 절가만 놔두세요."

핵심은 이런 대화 속에 있다. '5시까지 DM을 만든다'라는 업무목표를 가게에 있는 누군가에게 말함으로써 그때까지 반드시 업무를 끝내도록 스스로를 압박하는 것이다. 사람의 심리는 신기하게도 입 밖으로 내뱉은 말에 대해서는 어떻게든 지키려는 의지가 발동하고, 제3자에게 공약할 경우 상대를 의식하게 되어 적당한 긴장감이 생긴다.

최근 들어 스타벅스 같은 카페에서 업무를 처리하는 노마드족이 더욱 증가하고 있다. 비단 노마드족이 아니더라도 짧은 시간 안에 집중적으로 일을 끝내야 할 때는 카페를 업무 공간으로 활용하는 것을 고려할 만하다. 너무 조용하고 경직된 공간보다는 많은 사람들에게 둘러싸인 적당한 소음이 있는 환경 속에서 집중력이 더욱 높아지기 때문이다.

나도 때때로 집중적으로 일을 끝내고 싶을 때는 단골카페나 가게를 찾는다. 화교의 방식으로 보면 자신만의 아지트를 만드는 것이 최선이지만, 다른 사람과 대화를 주고받을 수 있다면 대형 커피 체인점도 상관없다. 중요한 것은 같은 공간에서 시간을 공유하는 누군가에게 자신의 업무목표와 데드라인을 밝히고 그때까지 반드시 일을 끝내겠다고 공약하는 것이다.

이때 자신의 의사를 입 밖으로 내어 타인에게 전달해야 강제력이 생긴다. 일단 말을 뱉었으니 반드시 지켜야 한다는 의지가 생기는 것이다. 따라서 상대가 반응하지 않더라도 일단 자신의 공약을 스스로 말해야 한다.

물론 '공약의 힘'을 확실하게 이용하고 '또 다른 이득'을 얻고 싶다면 적극적인 커뮤니케이션이 가능한 단골카페 한두 곳을 확보해두는 것이 더 좋다.

여기서 '또 다른 이득'이란 다른 손님과 연결될 가능성을 말한다. 공약의 상대는 가게 주인이나 직원뿐만 아니라 손님이 될 수도 있다. 다른 손님에게 직접적으로 말을 건네는 것은 쉽지 않기 때문에 가게 주인이나 직원의 도움을 받는 것이 효과적이다. 또한 그들은 단골손님의 정보를 어느 정도 파악하고 있기 때문에 자신에게 도움이 될 만한 사람을 소개해줄 가능성이 높다.

만약 급히 보고서를 작성해야 하는데 파워포인트가 무척 서툴러서 걱정이다. 이때 파워포인트의 달인이라는 손님을 소개받는다면 어떨까? 당장 직접적인 도움을 받을 수 있을 뿐만 아니라 새로운 인맥으로 발전시킬 수도 있을 것이다.

공약을 계속하면 일정한 확률로 결과가 나온다

현실에서는 이런 행운이 일어나지 않을 것이라고 생각하는가? 실제로 많은 사람들이 우연히 귀인을 소개받고 관계를 이어나가는 일은 실현 가능성이 낮다고 생각한다. 물론 이런 기회가 흔히 찾아오는 것은 아니다. 하지만 가능성이 적을 뿐, 없는 것은 아니다. 가능성을 현실로 만드는 것은 당신 자신의 몫이다.

또한 '공약의 힘'은 생각보다 강력하다. 자신의 목표와 의지를 밝히고 제3자에게 공약하는 것을 계속하다 보면 일정한 확률로 가시적인 결과가 나타난다. '서툰 총질도 계속 하다 보면 과녁을 맞춘다'라는 말이 있다. 쏘지 않으면 맞출 확률도 없다. 중요한 것은 쏘는 행동을 계속 해나가는 것이다.

화교는 늘 이런 원리에 따라서 행동한다. 자신이 목표한 대로 결과가 나오지 않아도 실망하거나 연연하지 않는다.

제3자에게 공약함으로써 스스로에게 강제력을 작동시키더라도 언제든지 100%의 효과가 나타나는 것은 아니다. 단골카페를 찾았지만 집중력이 떨어져 일을 끝내지 못한 날도 당연히 있게 마련이다. 그래도 계속 하다 보면 일정한 확률로 결과가 나타난다. 한 번 안 되었다고 좌절할 필요도 없고 변명할 필요도 없다. 잘될 때까지 계속 해나가는 것이 중요하다.

화교의 가르침 · 41
짧은 시간 안에 집중적으로 일을 끝내야 할 때는 '공약의 힘'을 이용하라. 자신의 목표를 누군가에게 말로써 전달하면 목표를 달성하려는 강한 의지가 발동한다.

화교가
야근하는 이유

인맥 관리와 교제를 중시하고, 특히 저녁식사 시간을 이용해 가까운 사람들과 친목을 도모하는 화교는 대개 야근을 하지 않는다. 이런 화교가 이따금 퇴근시간 이후 늦게까지 회사에 남아 있을 때가 있다.

딱히 급히 해야 할 일이 없는데도 화교가 야근을 하는 까닭은 사내 정보를 수집하기 위해서다. 평소 회사생활을 충실히 하더라도 어떤 사안에 대해서는 자기만 모르는 정보가 생길 수 있다. 물론 사소한 정보라면 크게 문제되지 않는다. 하지만 어떤 경우는 자신이 모르는 정보로 인해 가장 가까운 이에게 발등을 찍히기도 하고, 억울한 누명을 쓰기도 하고, 엉뚱한 책임을 지게 될 때도 있다. 이런 위험을 예방하기 위해서 화교는 수시로 야근을 하면서 회사 분위기를 관찰하고 정보를 끌어모은다.

회사생활을 하다 보면 경쟁 회사에 관한 정보만 중요한 것이 아니다. 함께 일하는 동료와 회사 내의 정보도 정확하게 파악하고 있어야 한다. 말 그대로 '지피지기면 백전백승'이다.

야근하면 진정한 실력자를 알게 된다

화교 스승은 종종 늦게까지 사무실에 남아 직원들이 무엇을 하고 있는지, 무슨 이야기를 주고받는지 둘러보곤 했다. 그리고 내게도 가끔씩 회사에 남아서 야근하라는 충고를 해주었다.

나는 이전 회사에서도 야근을 하지 않기로 유명했다. 야근을 하지 않고 제 시간에 업무를 끝내는 것이 유능한 직원의 조건이라고 생각하기도 했다. 그런데 막상 야근하면서 사내를 관찰하니 그동안 보이지 않던 것들이 보이기 시작했고, 그동안의 내 생각이 얼마나 어리석었는지 절감하게 되었다.

업무시간에는 직급이 높은 관리자나 연차가 오래된 사람이 실력자인 것처럼 보이지만 실제는 그렇지 않은 경우가 많다. 내 경험에 따르면 관리직 중에서도 특히 평판이 좋거나 능력을 인정받는 사람은 예외 없이 야근을 했다. 회사 안의 진짜 실력자들은 야근시간에 진가를 발휘했다.

나는 야근을 하면서 회사의 진짜 실력자들이 일하는 모습을 관찰했다. 그저 지켜보기만 하는 것이 아니라 무슨 일을 하고 있는지 물어보고 내가 할 일이 있으면 시켜달라고 부탁했다. 그리고 내 업무를 빨리 끝내고 나서 그들의 일을 도왔다. 그 결과 그들의 실적이 올라가고 평가가 좋아질수록, 그들과 함께 일했던 나의 평판도 더불어 좋아지게 되었다.

화교의 가르침 · 42
야근을 하면 회사 안의 숨은 실력자가 누구인지 알게 된다. 그들과 함께 하라. 당신의 평판도 더불어 좋아질 것이다.

낮잠을 통해
정신을 리셋한다

화교는 낮잠 자는 것을 즐긴다. 마치 천천히 흘러가는 시간의 흐름에 몸을 맡기듯, 또는 자연의 섭리를 거스르지 않으려는 듯 오전 업무를 끝내면 15분 정도 낮잠을 자면서 긴장을 푼다.

화교 사회에서는 낮잠 자는 것이 일반화되어 있어서 회사에서 공공연하게 낮잠을 자도 아무도 비난하지 않는다. 내가 스승에게 일을 배울 때도 화교 동료들은 오전 업무가 끝나면 모두 소파나 책상에서 각자 낮잠을 자다가 천천히 일어나서 개운한 얼굴로 다시 업무를 보기 시작했다.

일본에서는 '아침형 인간'이라는 말이 유행할 정도로 일찍 일어나는 것을 장려하는 추세다. 두뇌회전이 잘되는 새벽 시간을 효과적으로 사용하는 방법을 알려주거나 새벽 출근을 권장하는 비즈니스 서적도 많이 팔리고 있는 모양이다.

나른한 오후보다는 푹 자고 일어난 아침에 머리가 맑고 집중력이 높은 것은 분명한 사실인 것 같다. 하지만 이런 방식으로 아침에 일을 집중해서 처리하면, 하루라는 시간 전체를 놓고 볼 때 오히려 효율성이 떨어질 수 있다. 무리하게 일찍 일어나 '아침형 인간'이 되기보다는 잠깐의 낮잠으로 정신을 리셋하고 다시 한 번 아침에 가까운 상태로 되돌리는 것이 현명하다. 15분 정도의 낮잠을 통해 오후에도 아침과 같은 집중력을 회복하는 것이다. 이 방식이 훨씬 더 효율적이지 않은가?

힘 빼기의 달인이 되어라

낮잠을 잘 수 없는 상황이라면 온몸의 힘을 빼고 휴식을 취하는 것도 좋은 방법이다. 화교는 '힘 빼기의 달인'이다. 화교는 "일본인은 모두 어깨에 너무 힘이 들어가 있다", "일본인은 겉멋에 신경 쓰느라 힘을 빼지 못한다"라고 말한다. 실제로 일본인들은 다른 사람들에게 그럴듯하게 보여야 한다는 강박에 사로잡혀 지나치게 긴장하는 바람에 오히려 본래의 능력을 발휘하지 못하는 경우가 많다.

사실 나도 화교 스승의 제자로 들어간 지 얼마 되지 않았을 무렵에는 어깨에 단단히 힘이 들어가 있었고 작은 실수나 비난에도 지나치게 민감하게 반응했다. 화교들이 지적하는 이른바 '겉멋을 중시하는' 사람의 전형이었다. 지금의 나는 전혀 똑똑하거나 멋있어 보이지 않지만 화교에게 필적하는 힘 빼기의 달인이 되었다. 나는 이제 마음만 먹으면 언제, 어떤 상황에서든 금세 힘을 뺄 수 있다. 협상을 성사시켜야 하거나 예상하지 못한 말썽이 생겼을 때, 또는 불만에 가득 찬 고객을 상대할 때도 전혀 동요하지 않는다.

실수하거나 비난받아서는 안 된다는 생각에 사로잡혀 잔뜩 힘을 주고 있는 사람과 힘을 빼고 평상심을 유지하고 있는 사람, 둘 중 어느 쪽이 비즈니스에서 유리할까? 후자가 유리함은 너무나 자명한 사실이다.

화교의 가르침 · 43

잠깐의 낮잠으로 정신을 리셋하면 오전과 오후 모두 집중력을 최상으로 끌어올릴 수 있다. 낮잠을 잘 수 없는 상황이라면 온몸의 힘을 빼고 휴식을 취하는 것도 좋은 방법이다.

가족과의 시간을
가장 소중히 여긴다

중국어에 '후원실화(後院失火)'라는 말이 있다. 집 안에 불이 나면 바깥의 적과 싸울 수 없다는 뜻이다. 스승은 이 말을 인용해서 가정에 작은 불씨라도 생기면 불 끄는 일에 쫓겨서 비즈니스에 집중할 수 없으므로 가족과의 시간을 가장 소중히 여겨야 한다고 강조했다.

요즘 비즈니스 현장은 전쟁터와 마찬가지다. 일을 하다 보면 자신도 모르는 사이에 엄청난 스트레스와 긴장감을 느끼게 마련이다. 따라서 가정에서만큼은 평화와 안정을 유지할 수 있어야 한다. 가족과 자유롭게 소통하면서 충분한 지지와 응원을 받아야만 전쟁터에 나가서 싸울 힘을 얻을 수 있다.

특히, 고국을 떠나 타향에서 살아가는 화교에게 진심을 터놓을 수 있는 대상은 대개 가족과 친구들뿐이다. 어떤 일이 있어도 자신을 지지해주어야 할 가족까지 적으로 만들어버리면 그야말로 고립무원이된다. 화교뿐만 아니라 현대를 살아가는 모든 이들도 마찬가지다. 가정불화는 모든 스트레스의 근원이며 성공과 행복의 가장 큰 걸림돌이다.

어쩌면 여러 신체적·정신적 스트레스 요인 중에 가장 위험한 것이 가정불화일 것이다. 개인이 감당할 수 있는 스트레스의 양에는 한계가 있다. 때문에 일을 끝마치고 가정에 돌아가서도 편안한 마음으로 쉴 수 없다면 점점 더 건강이 나빠지고 면역력도 떨어지기 마련이다. 이런 상황이 반복되면 결국 아주 작은 스트레스에도 치명상을 입게 된다.

가정불화를 예방하기 위해 대화를 나눈다

요즘은 일과 가정 모두를 중요하게 생각하는 비즈니스맨이 많다. 주말이 되면 마음속으로는 집에서 여유 있게 쉬고 싶지만 자녀들을 위해 놀이공원에 가거나 캠핑이나 바비큐를 하는 이들이 점차 늘어나고 있다. 물론 이런 바깥 나들이는 즐겁고 재미있다. 하지만 이때 대화가 없다면 화교들은 시간을 허비하는 것일 뿐 의미가 없다고 생각한다.

나는 가족과 나들이하는 것보다는 대화를 많이 하려고 애쓴다. 일주일에 한 번 가족회의를 열어 회사와 학교에서 일어난 일과 친구에 관한 이야기를 자유롭게 나누고 어떤 문제가 떠올랐을 때에도 바로 식구들을 모아서 서로 이야기를 나눈다.

아무리 바쁜 시기에도 식구끼리 대화 나눌 시간 정도는 만들 수 있다. 평소 식구들의 상황과 마음상태를 파악하고 있으면 작은 불씨를 놓친 뒤 당황해서 허둥지둥 불을 꺼야 하는 사태에까지 이르는 일은 없을 것이다.

화교의 가르침 · 44
평소 대화와 소통을 통해 가정불화를 예방하라. 가정불화는 모든 스트레스의 근원이며 성공과 행복의 가장 큰 걸림돌이다.

일보다 친구와의 시간을
우선순위에 둔다

"자네는 친구를 소중히 여기지 않는 사람을 신용할 수 있나? 친구를 소중히 여기지 않는 사람이 동료를 소중히 대할 수 있을까? 더 나아가 손님을 소중히 대할 수 있을까?"

스승은 종종 이런 말을 하곤 했다. 앞서 여러 차례 말한 것처럼 화교 비즈니스의 핵심은 '사람 중심'이다. 화교는 가족, 친구, 동료 같은 가까운 사람을 행복하게 만들지 못하는 사람은 결코 비즈니스 상대를 행복하게 해줄 수 없다고 생각한다.

가까운 사람을 소중히 여기라는 말은 비단 마음씀씀이만을 뜻하는 것이 아니다. 우선순위를 정할 때 가까운 사람들과 함께 보내는 시간을 가장 앞에 두라는 뜻이다. 화교들은 가족과의 시간이 최우선이다.

다음이 친구와의 시간이고, 그 다음이 동료와의 시간이다. 스승은 아무리 바쁜 상황에서도 내가 "오늘 친구와 약속이 있어서요⋯⋯" 하고 조심스레 말을 꺼내면 흔쾌히 퇴근을 허락해주었다.

사소한 일을 잘하는 것이 중요하고, 그것을 잘하는 사람이 성공한다

화교는 주변 사람들을 제대로 돌보지 못하는 이는 업무에서도 큰 성과를 낼 턱이 없다고 생각한다. 그래서 친구와의 약속이 있는 날은 다른 직원들이 야근하고 있어도 거리낌 없이 정시에 퇴근한다.

일본인은 화합을 중요하게 생각하기 때문에 개인적인 용무로 혼자만 퇴근하거나 회사 행사에 빠지면 상당한 부담을 느낀다. 하지만 화교들은 이런 일로 비난을 받기는커녕 오히려 동료들이 나서서 일정을 옮기거나 업무를 교대해주는 등 협조해준다.

이런 일이 가능한 것은 화교들이 시간과 일, 인간관계를 모두 스스로 관리하고 있기 때문이다. 이들은 정시에 퇴근할 일이 있으면 그때까지 일을 끝낼 수 있도록 업무를 조정하고 비상시에 동료들의 협조를 받을 수 있도록 미리 친분을 쌓아둔다.

화교는 가족과 친구 다음으로 업무상 동료들을 소중하게 생각한다. 저녁식사는 가족과 친구가 우선이지만 아침과 점심식사 등은 반드시 회사 동료들과 함께 하는 등 관계가 소원해지지 않도록 늘 주의를 기울인다. 따라서 개인적인 용무로 일찍 퇴근해야 하거나 일정을 조정해야 할 때 비난의 눈초리를 받거나 협조를 받지 못한다면, 자신이 동료와의 관계를 제대로 유지하지 못하고 있다는 증거라고 생각한다. 화교들은 이런 상황을 자업자득이라고 여긴다.

화교의 가르침 · 45
우선순위를 정할 때 가까운 사람들과 함께 보내는 시간을 가장 앞에 두어라. 주변 사람들을 제대로 돌보지 못하는 이는 업무에서도 큰 성과를 낼 수 없다.

학교 부자수업

초판 1쇄 인쇄 2017년 8월 7일
초판 1쇄 발행 2017년 8월 11일

지은이 오시로 다이
옮긴이 홍주영

발행인 양문형
펴낸곳 타커스

등록번호 제313-2008-63호
주소 서울시 종로구 대학로14길 21 민재빌딩 4층
전화 02-3142-2887 　　　 **팩스** 02-3142-4006
이메일 yhtak@clema.co.kr

ⓒ 타커스 2017

ISBN 978-89-98658-43-4 (03320)

이 도서의 국립중앙도서관 출판시도서목록(CIP)은 서지정보유통지원시스템 홈페이지(http://seoji.nl.go.kr)와 국가자료공동목록시스템(http://www.nl.go.kr/kolisnet)에서 이용하실 수 있습니다.(CIP제어번호: CIP2017017891)